Kohlhammer

Soziale Arbeit – kompakt & direkt

Herausgegeben von Rudolf Bieker und Heike Niemeyer

Eine Übersicht aller lieferbaren und im Buchhandel angekündigten Bände der Reihe finden Sie unter:

 https://shop.kohlhammer.de/soziale-arbeit-kompakt-direkt

Prof. Dr. Hans-Jürgen Balz, Dr. phil., Dipl.-Psych., Dozent für Psychologie an der Ev. Hochschule Bochum (i. R.). Forschungsschwerpunkte: Teamarbeit in psychosozialen Organisationen, Selbstführung von Führungskräften, systemisch-lösungsfokussiertes Coaching. Supervisor, Coach und Organisationsberater in psychosozialen Institutionen und Hochschule. Lehrtherapeut (SG/DGSF), Lehrender Supervisor und Coach (SG/DGSF), Senior Coach (DBVC). Veröffentlichungen zur Teamarbeit, zum systemischen Coaching, zur sozialen Inklusion.

Hans-Jürgen Balz

Teamarbeit in psychosozialen Handlungsfeldern

Kooperation effektiv gestalten

Verlag W. Kohlhammer

Dieses Werk einschließlich aller seiner Teile ist urheberrechtlich geschützt. Jede Verwendung außerhalb der engen Grenzen des Urheberrechts ist ohne Zustimmung des Verlags unzulässig und strafbar. Das gilt insbesondere für Vervielfältigungen, Übersetzungen, Mikroverfilmungen und für die Einspeicherung und Verarbeitung in elektronischen Systemen.

Die Wiedergabe von Warenbezeichnungen, Handelsnamen und sonstigen Kennzeichen in diesem Buch berechtigt nicht zu der Annahme, dass diese von jedermann frei benutzt werden dürfen. Vielmehr kann es sich auch dann um eingetragene Warenzeichen oder sonstige geschützte Kennzeichen handeln, wenn sie nicht eigens als solche gekennzeichnet sind.

Es konnten nicht alle Rechtsinhaber von Abbildungen ermittelt werden. Sollte dem Verlag gegenüber der Nachweis der Rechtsinhaberschaft geführt werden, wird das branchenübliche Honorar nachträglich gezahlt.

Dieses Werk enthält Hinweise/Links zu externen Websites Dritter, auf deren Inhalt der Verlag keinen Einfluss hat und die der Haftung der jeweiligen Seitenanbieter oder -betreiber unterliegen. Zum Zeitpunkt der Verlinkung wurden die externen Websites auf mögliche Rechtsverstöße überprüft und dabei keine Rechtsverletzung festgestellt. Ohne konkrete Hinweise auf eine solche Rechtsverletzung ist eine permanente inhaltliche Kontrolle der verlinkten Seiten nicht zumutbar. Sollten jedoch Rechtsverletzungen bekannt werden, werden die betroffenen externen Links soweit möglich unverzüglich entfernt.

1. Auflage 2025

Alle Rechte vorbehalten
© W. Kohlhammer GmbH, Stuttgart
Gesamtherstellung: W. Kohlhammer GmbH, Heßbrühlstr. 69, 70565 Stuttgart
produktsicherheit@kohlhammer.de

Print:
ISBN 978-3-17-042173-8

E-Book-Formate:
pdf: ISBN 978-3-17-042174-5
epub: ISBN 978-3-17-042175-2

Vorwort der Reihenherausgeber*innen

Ergänzend zu klassischen Lehrbüchern geht es in der neuen Reihe »Soziale Arbeit – *kompakt & direkt*« um die vertiefende Bearbeitung spezieller Themen- und Fragestellungen aus der Sozialen Arbeit und ihren Bezugsdisziplinen, z. B. theoretische Konzepte, spezifische Methoden, Arbeitsfelder oder soziale Probleme. *Kompakt und direkt* heißt die neue Reihe, weil sie in der Präsentation der Inhalte auf das konzentriert ist, was Lernende über das ausgewählte Thema wissen und für Studienleistungen und Prüfungen zielgenau aufbereiten können sollten.

Zielgruppen der Reihe sind jedoch nicht nur Studierende im Bachelor- oder Masterstudium, sondern auch Berufseinsteiger*innen und Praktiker*innen, die autodidaktisch oder in Fortbildungen Anschluss an den aktuellen wissenschaftlichen Diskurs halten wollen.

Der fokussierte Zuschnitt der Bände spiegelt sich in einem innovativen Buchformat, das Leser*innen Überschaubarkeit im Umfang und eine gut strukturierte Textpräsentation bietet. Zentrale Sachverhalte werden anhand von Praxisbeispielen und Abbildungen veranschaulicht. Didaktische Elemente wie Begriffserläuterungen, Textcontainer, Reminder, Essentials, kurze Zusammenfassungen, Piktogramme etc. erleichtern das Erfassen, Speichern und Wiederaufrufen der Inhalte.

Die Autor*innen der Bände sind durch ihre wissenschaftliche Expertise ausgewiesen, schreiberfahren und stehen in der Regel mit Studierenden und Praxisfeldern in engem Kontakt.

Rudolf Bieker und Heike Niemeyer, Köln

Zu diesem Buch

Teamwork – wer kennt das nicht? Aus dem Studium, vom Sport oder aus dem Freundeskreis. Teamwork ist verbunden mit dem Stolz, eine Projekt- bzw. Lernaufgabe erfolgreich bewältigt, eine gemeinsame Wanderung oder Ähnliches geschafft oder ein Fest gemeinschaftlich zu einem unvergesslichen Event gemacht zu haben. Und so lässt sich fragen, was dieses Buch dazu beiträgt und was sich beim Thema Teamarbeit geändert hat.

Die Arbeitswelt befindet sich in vielfältigem Wandel. Die Zusammenarbeit in Gruppen über die Professionsgrenzen hinweg hat sich zum Normalfall entwickelt. Auch befindet sich die Teamkultur im Umbruch. Hier findet ein Wandel statt von einem traditionellen, auf die Person der Führungskraft fokussierten Verständnis hin zu einer Teamkultur, die die Bedeutung der flexiblen und kreativen Selbststeuerung der Fachkräfte und Selbstorganisation in der Teamarbeit für die Zukunftsfähigkeit von Organisationen hervorhebt (Gessmann & Merchel 2019, 253 ff.).

Damit eng verbunden wünschen sich Mitarbeitende im Beruf Selbstverwirklichung, Sinnstiftung und eine familienfreundliche Arbeitszeitgestaltung. Diese Wünsche sind nicht neu, aber vor dem Hintergrund des Fachkräftemangels stehen Unternehmen und Organisationen unter dem Druck innovativer Arbeitsplatzgestaltung, die dazu beträgt Mitarbeiter*innen zu binden, Arbeitszufriedenheit zu steigern und die Fluktuation zu reduzieren (Hurrelmann 2020). Auf diese Notwendigkeit weisen beispielsweise die Ergebnisse des *Engagement Index Deutschland 2024* hin, herausgegeben vom Gallup-Institut. Danach steigt die Wechselbereitschaft der Mitarbeitenden. Nur noch 50 Prozent der Beschäftigten sehen sich in einem Jahr noch bei ihrem Arbeitgeber (2018: 78 %) (Gallup 2025, 4). Und nicht zuletzt haben in sozialen Organisationen die Herausforderungen und psychischen Belastungen bei den Mitarbeitenden zugenommen (Zito &

Martin 2021). Hier bietet beispielsweise das Konzept der Teamresilienz eine Perspektive für die wechselseitige Unterstützung im Teamkontext (Bentner & Jung 2022). Der Teambegriff, angesiedelt zwischen den ihm zugeschriebenen Akronymen »Together everyone achieves more« und »Toll, ein anderer macht's«, deutet auf das bestehende Spannungsfeld in der Teamkooperation hin. Teamarbeit bietet Chancen für Synergieeffekte, den produktiven Mehrwert einer hochwertigen Zusammenarbeit, aber auch die Gefahr der Verantwortungsdiffusion, dass sich bei einer größeren Anzahl von Menschen in einer Gruppe niemand zuständig fühlt. Darum geht es in diesem Buch.

Als Handlungswissen ist beispielsweise die Kenntnis verschiedener Formen von Teams (z. B. Projektteams, virtuelle Teams), möglicher Prozessgewinne und -verluste in der Teamarbeit (und deren Nutzung bzw. Vermeidung) hilfreich. Auch stellt sich die Frage, wie sich Selbstorganisation jenseits der Mentalität »Jede/r macht, was er/sie möchte« professionell ausgestalten lässt. Daneben werden zentrale Begriffe wie Interdependenz, Reflexivität, Teamresilienz, Selbstorganisation und Teamentwicklung hergeleitet und eingeordnet.

Im Berufseinstieg ist es wichtig, sich relativ schnell zu orientieren und handlungsfähig zu werden. Dafür sind das Verständnis und die Systematik von Teamrollen, -hierarchien und Grundlagen zur Teamkommunikation hilfreich.

Wenn Sie in Ihrer beruflichen Aufgabe eingearbeitet sind, dann finden sich für Sie Entwicklungsaufgaben und Projekte, die Ihr fachliches Wissen aus dem Studium und Ihre Praxiserfahrung benötigen. Für die Bildung von Projektgruppen, die dortige Aufgabenverteilung und den Arbeitsprozess gilt es über die Alltagsvorstellungen hinaus auf Forschungsergebnisse zu den Grundsätzen und Prinzipien für eine effektive Zusammenarbeit zu schauen und sie in die Planung und Durchführung der Projektarbeit einzubeziehen.

Teamarbeit braucht die regelmäßige Pflege. Analog zu einem technischen Gerät bringen auch die psychosoziale Arbeit und die Kooperation im Team einen Verbrauch an Ressourcen und die Abnutzung von bewährten Instrumenten mit sich (z. B. die Form der Teambesprechungen, die Art der Teambeziehungen). Daher ist es wichtig, den Beitrag von Teamentwicklung, -supervision und -coaching zur Aktivierung der Reflexionsfähigkeit, zur Fokussierung auf die gemeinsamen Ziele und zum Teamlernen zu betrachten.

Als Dozent habe ich Seminare und Praxisübungen zur Teamarbeit in BA- und MA-Studiengängen angeboten und bin in der Teamsupervision, im -coaching und in der Teamentwicklung tätig. Insofern fließen in dieses Buch immer auch meine Erfahrungen ein, es werden Übungen angeboten und Reflexionsfragen gestellt. Jedes Kapitel liefert abschließend weiterführende Literaturhinweise.

Zur Struktur des Bandes: Dieses Buch umfasst drei Themenbereiche. Im ersten finden sich theoretische und konzeptionelle Grundlagen, das heißt, Team, Gruppe, Abteilung und Clique werden voneinander abgegrenzt, die verschiedenen Formen von Teams vorgestellt, sozialpsychologische Gruppeneffekte angesprochen (z. B. Gruppendenken, Wir-Gefühl), Grundbegriffe zur Teamarbeit erläutert. Dies behandeln die Kapitel 1 und 2 (▶ Kap. 1; ▶ Kap. 2).

Der zweite Themenbereich folgt in Kapitel 3 mit der Analyse der charakteristischen Herausforderungen in der Teamarbeit (▶ Kap. 3). Dies sind die Spezifik von sozialen Dienstleistungen und die Emotionsregulation in diesem Kontext, die Haltung im Hilfeprozess, Multiprofessionalität und der Umgang mit Konflikten in der psychosozialen Teamarbeit.

Im dritten Themenbereich werden Gestaltungsfragen der Praxis der Teamarbeit diskutiert. Schwerpunkt in Kapitel 4 sind Fragen zur Einbindung des Teams in die Gesamtorganisation, zur Teamführung und Selbstorganisation, zur Teamkommunikation und zur Förderung der Teamresilienz (▶ Kap. 4). Kapitel 5 wendet sich der Analyse und Intervention zu, das heißt, es geht um die Diagnose des Ist-Zustandes und der Ziele in der Teamentwicklung (▶ Kap. 5). Darüber hinaus werden das Konzept der Teamentwicklung, der -supervision und des -coachings vorgestellt. Abschluss bildet ein Canvas (Leinwand) zu Fragen der Team-DNA als Startpunkt der eigenen Teamweiterentwicklung.

Das Fazit beschließt das Buch.

Ein Buch entsteht immer als eine Teamarbeit, so auch dieses. Ich möchte mich für den anregenden fachlichen Austausch herzlich bedanken bei Fabian und Katharina Anhalt, bei Ulli Schreiber und Birgit Wolf, um nur die wichtigsten Beteiligten zu nennen. Für die Lektorierung und Begleitung in der Überarbeitung des Manuskripts sei Herrn Simon Lang, Frau Jana Motzet, Manfred Schumacher, Julius Freymüller und Prof. Dr. Rudolf Bieker als Herausgeber der Buchreihe gedankt.

> **Eine erste Reflexion zum Thema: Meine Ideen zum Teambegriff** [?]
>
> (Zeitbedarf: ca. 30 Min.; Materialien: A4- oder A3-Blatt, mehrere Farbstifte)
>
> - Zeichnen Sie eine Mindmap zu Ihrem Verständnis von Teamarbeit. Legen Sie Ihr Blatt quer und schreiben das Wort »Teamarbeit« in die Mitte. Von dem Wort gehen dann Linien ab, die zu den für Sie wichtigen Oberbegriffen zur Teamarbeit führen (z. B. Rollen, Kommunikation). Denken Sie dabei an Ihre Erfahrungen mit Teamarbeit. Die Oberbegriffe verzweigen sich dann weiter und führen zu konkreteren Begriffen usw. Verwenden Sie die Farbstifte anschließend zur Hervorhebung und grafischen Gestaltung.
> - Falls Sie im Seminarkontext sind: Nach dieser Einzelarbeitsphase ist es interessant, wenn Sie Ihre Mindmaps paarweise oder in Kleingruppen besprechen, nach Ähnlichkeiten und Unterschieden fragen und sich diese von den Mitstudierenden erklären lassen.

Bochum und Bielefeld, September 2024
Hans-Jürgen Balz

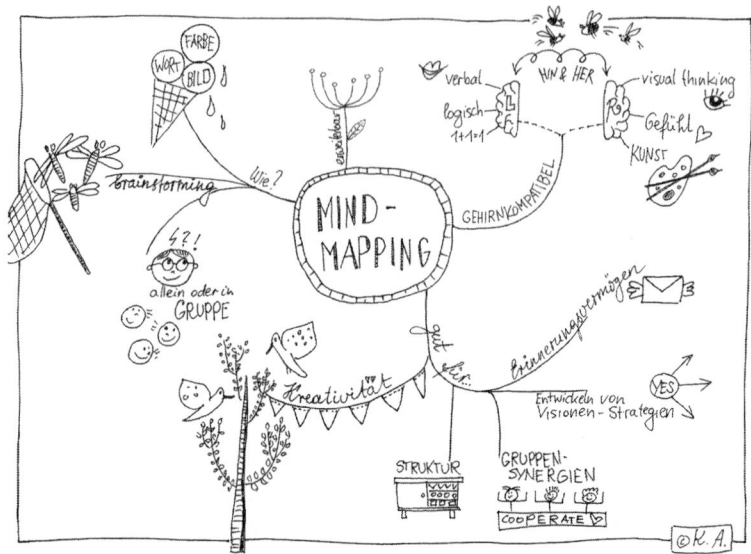

Abb. 1: Mindmap zum Thema Mindmapping (gezeichnet von Katharina Anhalt 2024)

Inhalt

Vorwort der Reihenherausgeber*innen 5

Zu diesem Buch 6

1 **Konzeptionelle Grundlagen, Formen und Ausgestaltung von Teamkooperation** 13
   1.1   Team, Gruppe, Abteilung und Clique – Gemeinsamkeiten und Unterschiede 13
   1.2   Teamformen – die Vielfalt der Teamkooperation ... 23
   1.3   Zusammenarbeit – vom Netzwerk zum Team 28
   1.4   Faktoren gelingender Kooperation 34

2 **Modelle und Effekte von Teamarbeit** 38
   2.1   Modelle zur Systematisierung von Teamprozessen .. 39
   2.2   Modelle zur Systematisierung von Teamrollen 46
   2.3   Prozessgewinne und -verluste 53

3 **Herausforderungen und Spannungsfelder in der psychosozialen Teamarbeit** 58
   3.1   Die Erzeugung sozialer Dienstleistungen 58
   3.2   Die Emotionsregulation im Hilfeprozess 60
   3.3   Die Haltung im Hilfeprozess 64
   3.4   Multiprofessionalität in der Teamarbeit 66
   3.5   Konflikte in der Teamarbeit 69

4 **Gestaltungsfragen der Teamarbeit** 74
   4.1   Das Team als Bestandteil der Gesamtorganisation .. 74

	4.2	Die Führung und Steuerung von Teamaktivitäten	78
	4.3	Selbstorganisation von Teams	84
	4.4	Teamkommunikation	88
	4.5	Teamresilienz	94
5	**Analyse und Interventionen zur Teamarbeit**		**99**
	5.1	Analyse der Teamarbeit	99
	5.2	Interventionen zur Weiterentwicklung der Teamarbeit	104
	5.3	Teamentwicklung	106
	5.4	Teamsupervision und -coaching	110
	5.5	Das Team-Canvas	117
6	**Fazit**		**122**
Literatur			**126**

1 Konzeptionelle Grundlagen, Formen und Ausgestaltung von Teamkooperation

> **Überblick**
>
> Die Leser*innen lernen in diesem Kapitel zentrale Merkmale von Teamarbeit kennen. Zur Begriffsklärung erfolgt eine Abgrenzung gegenüber verwandten Begriffen (Gruppe, Abteilung und Clique). Anschließend werden unterschiedliche Formen der Teamorganisation vorgestellt (z. B. Fertigungsteams, Projektgruppen) und Faktoren für ein mehr oder weniger *Teaming* (Edding & Schattenhofer 2020, 31 ff.) in der Zusammenarbeit beschrieben.

1.1 Team, Gruppe, Abteilung und Clique – Gemeinsamkeiten und Unterschiede

Der Teambegriff wird im Alltag in vielfältigen Zusammenhängen angewendet. Ähnlich wie anderen »Modeworten« (z. B. Stress, Mobbing) geht es dabei auch dem Teambegriff: Verschiedene Personen verstehen jeweils recht Unterschiedliches darunter.

Der Teambegriff fasziniert im Kontext von Hochleistungsteams beispielsweise im Sport, in der Musik, der Medizin oder der Forschung. Die besondere Koordination der Einzelleistungen durch ein Team findet sich in einer erfolgreichen Fußballmannschaft, einem Musikorchester, einem Krankenhausoperationsteam oder in der Weltraumforschung. Die Attraktivität des Teambegriffs in der Arbeitswelt geht unter anderem darauf zurück, dass er verspricht, dem gestiegenen Komplexitätsgrad von Prozessen in der modernen Arbeitswelt, den Anforderungen an abgestimmter Koordination und Flexibilität der zunehmend spezialisierteren Teilaufgaben besser gerecht zu werden als traditionelle hierarchische Organisationsstrukturen (Nerdinger 2019a, 120; Kauffeld & Schulte 2014, 154). Auch kann es attraktiv sein, zu einem starken Team dazuzugehören und an einem visionären Projekt mitzuarbeiten. Zur Verdeutlichung der Unterschiede in der Arbeitsmotivation erzählen Furman und Ahola (2004) die Geschichte von Reisenden, die im mittelalterlichen Italien Steinmetzen begegneten:

> »Einer der Männer sah deprimiert aus und schien seiner Arbeit überdrüssig zu sein. Der Reisende fragte ihn: ›Was machst Du da?‹ – ›Ich muss diese Steine zu quadrischen Blöcken klopfen‹, antwortete der Mann gereizt.
> Dann entdeckte der Reisende in der Nähe einen anderen Mann, der genau das Gleiche tat. Doch dieser Mann schien zufrieden und sogar begeistert seine Arbeit zu verrichten. Der Reisende näherte sich ihm und stellte ihm die gleiche Frage: ›Was machst Du da?‹ – ›Ich helfe mit, eine neue Kathedrale für die Stadt zu bauen‹, rief der Mann begeistert« (Furmann & Ahola 2004, 51).

Der Teambegriff kommt aus dem Altenglischen und bezeichnet ursprünglich ein Tiergespann, also etwa Ochsen oder Pferde. Durch die gemeinsame Anstrengung mehrerer Tiere erhöht sich die Arbeitsleistung. In der pädagogischen Arbeit gibt es häufig Situationen, die nur durch das Zusammenwirken mehrerer Personen zu bewältigen sind (z. B. die Betreuung von Jugendfreizeiten, ganztägige stationäre Angebote).

Das Versprechen von leistungssteigernden Effekten, die man durch Teamarbeit zu erreichen hofft, führt teilweise jedoch zu einer Idealisierung von Teamarbeit – wie auch die häufig formulierten Vorstellungen davon, dass ein Team »außerordentlich leistungsfähig« sei, »knifflige Probleme« lösen könne, einen »besonderen Geist« habe, die Koordination »sinnvoll geregelt« sei, ein »gegenseitiges Verstehen« zwischen den Teammitgliedern herrsche und »zwischenmenschlich ein Klima des gegenseitigen Vertrauens« bestehe (vgl. Herwig-Lempp 2012, 20 ff.). So könnte man denken, dass sich die erhofften Effekte ohne weiteres Zutun quasi von selbst einstellen.

1.1 Team, Gruppe, Abteilung und Clique – Gemeinsamkeiten und Unterschiede

In diesem Zusammenhang wirkt jedoch das negativ wertende Akronym für Team »Toll, ein anderer macht's« desillusionierend (zur dunklen Seite von Gruppen s. Antons 2015).

Team

Eine frühe Definition von Team im psychosozialen Kontext liefern Scherpner, Fink und Kowollik (1976, 12):

»Wir verstehen unter Teamarbeit eine Form reflektierter, partnerschaftlicher Zusammenarbeit, die im Rahmen gegenseitigen Sich-Akzeptierens die beruflichen Fähigkeiten und Kenntnisse jedes einzelnen Mitarbeiters konstruktiv nutzt und sich in ständiger spontaner Kooperationsbereitschaft gemeinsamen Zielen verpflichtet fühlt.«

Gellert und Nowak (2010, 22) bestimmen Teamarbeit als

»die kooperative, zielorientierte Arbeit von 2–8 Fachleuten, die gemeinsam an einer definierten komplexen Aufgabe, in einem Projekt oder an einem Problem arbeiten, bei Integration unterschiedlichen Fachwissens und nach bestimmten, gemeinsam festgelegten Regeln.«

Edding und Schattenhofer (2020, 7) formulieren wie folgt:

»Ein Team ist eine Gruppe von 3 bis etwa 12 Personen, die aufeinander angewiesen sind, um ein gemeinsames Ziel zu erreichen oder eine Leistung zu erbringen«.

Weitere Teamdefinitionen finden sich bei Busch und von der Oelsnitz (2018, 18 f.).

Reflexionsfragen zu bisherigen Gruppenerfahrungen [?]

(Zeitbedarf: ca. 60 Min.)

- An welchen Gruppen haben Sie im Verlauf ihrer Biografie teilgenommen? Bitte sparen Sie in dieser ersten Reflexion ihre Arbeitserfahrungen noch aus.
- Welche der Gruppen hat Sie am meisten geprägt?

- Wie waren diese Erfahrungen? Welche waren für Sie positiv, welche negativ?
- Was haben Sie in diesen Gruppen gelernt? Was haben Sie dort vermisst?

Tauschen Sie sich gegebenenfalls mit Mitstudierenden aus:

- Stellen Sie nacheinander Ihre Erfahrungen vor. Die Gesprächspartner*innen haben dabei die Rolle interessiert nachzufragen, ohne dabei Bewertungen und Empfehlungen abzugeben.
- Werten Sie abschließend den Prozess (ihrer Gruppenarbeit) aus.

Abgrenzung zwischen Team und Gruppe

Will man das Verhältnis von Arbeitsgruppen (dem weiter gefassten Begriff) und dem Teambegriff in der wissenschaftlichen Literatur beschreiben, so lassen sich drei Positionen finden:

1. Arbeitsgruppe und Team werden synonym gebraucht (z. B. bei Hertel & Hüffmeier 2014, 222; Nerdinger 2019a, 120; Herwig-Lempp 2012, 19). Dieser Standpunkt wird mit dem Mangel an präzisen Kriterien zur Abgrenzung und der Abhängigkeit der Teamarbeit vom jeweiligen Kontext begründet.
2. Ein Team bietet ein *Mehr* an Gruppenzusammenhalt, eine engere Verzahnung und größere Funktionalität in der Arbeitsteilung sowie daraus resultierend eine höhere Produktivität (z. B. Kriz & Nöbauer 2002; Edding & Schattenhöfer 2020; Pukall 2023). Diese Sichtweise geht davon aus, dass jedes Team eine Arbeitsgruppe ist, aber nicht jede Arbeitsgruppe ein Team (quantitative Unterscheidung).
3. Ein Team stellt eine spezifische Konstellation von Gruppenmerkmalen dar (qualitative Unterscheidung). Diese Position vertreten beispielsweise Katzenbach und Smith (2015), die zwischen Arbeitsgruppen, Pseudoteams, echten Teams und Hochleistungsteams unterscheiden. Die wichtigste Messgröße für ein Hochleistungsteam ist die Arbeitsleistung.

1.1 Team, Gruppe, Abteilung und Clique – Gemeinsamkeiten und Unterschiede

Der Begriff der Gruppe lässt sich in verschiedenen Kontexten als Sammelbegriff finden, beispielsweise wenn von einer Freundschaftsgruppe, einer religiösen Gruppe oder einer nationalen Gruppe die Rede ist. Eine Gruppe stellt eine abgeschlossene soziale Einheit mit einer inneren Struktur (z. B. Hierarchien, Untergruppen) dar, in der sich die Gruppenmitglieder wechselseitig beeinflussen. Es gibt die *Primärgruppen*, in denen Menschen fundamental als Individuum geprägt werden und intime Beziehungen eingehen. Dem stehen die *Sekundärgruppen* gegenüber, denen sich Menschen mehr oder weniger freiwillig anschließen (z. B. im Kindergarten, in der Schule und in Vereinen).

Gruppen haben neben der *aufgabenbezogenen* eine *psychoemotionale Funktion* (z. B. Anerkennung, Sicherheit und Geselligkeit zu bieten). Letztere wurde von gruppendynamischen Forschern (z. B. Leon Festinger, Raoul Schindler und Kurt Lewin) bereits seit den 30er Jahren des letzten Jahrhunderts untersucht.

Jonas, Stroebe und Hewstone (2007, 411) beschreiben als Mindestvoraussetzung einer Gruppe: »wenn sich zwei und mehr Einzelpersonen als Mitglieder einer Gruppe definieren«. Diese Definition geht von einem subjektiven Kriterium aus, was meines Erachtens für die Begriffsbestimmung von Arbeitsteams unzureichend ist. Hier bilden objektive Kriterien (z. B. Ziele, Interdependenz, funktionale Rollen-/Aufgabenzuweisung) die Basis zur Bestimmung von Teams, im Idealfall entwickeln die Teammitglieder einen gemeinsamen Teamgeist – ein Wir-Gefühl (vgl. Nerdinger 2019a, 120 f.).

Abgrenzung zwischen Team und Abteilung

Eine Abteilung ist eine Einheit in einer Organisation, die auf eine zentrale Funktion abzielt (z. B. Personalverwaltung, Verkauf). Die Personen in einer Abteilung sind häufig in mehrere Arbeitseinheiten untergliedert. Identitätsbildende Merkmale (z. B. Kleidung, Sprache) und teamorientierte Kooperationsformen können, aber müssen nicht zwischen den Mitgliedern der einzelnen Teams bzw. Arbeitsgruppen einer Abteilung bestehen.

Abgrenzung zwischen Team und Clique

Eine Clique ist eine informelle Gruppe, die sich aufgrund eines spezifischen geteilten Merkmals oder einer besonderen persönlichen Verbundenheit gebildet hat. Der Begriff findet sich insbesondere in der Jugendkultur und bezeichnet beispielsweise Gruppen aus einem Wohngebiet, einem Jugendtreff oder von einer Schule, die sich gegenüber anderen Gruppen oder Personen bewusst abgrenzen (▶ Tab. 1). Im Alltagssprachlichen findet sich auch der Begriff der Jugendgang, der oft als ein Synonym für eine streitbare Jugendgruppe genutzt wird (z. B. Straßengang, Motorradgang).

Tab. 1: Gemeinsamkeiten und Unterschiede von Teams, Gruppen und Cliquen

	Team	Gruppe	Clique
Größe	3–12 Personen	ab 3 Personen (Anzahl nach oben hin unbegrenzt)	kleine Gruppe (bis 10 Personen)
Inhalt/ Themen	Sport, berufliche Aufgaben	beliebige Themen	Freizeitthemen (z. B. Musik, Mode)
Zielsetzung	• Arbeitsergebnis • effektive Zielerreichung • sozialer Zusammenhalt, Unterstützung • Wir-Gefühl	• Gemeinschaft • sozialer Zusammenhalt • weitere gruppenspezifische Ziele	• spezielle Ziele je nach Kultur • sich gemeinsam Vorteile verschaffen, häufig in Abgrenzung zu anderen Gruppen • Zugehörigkeit • Identitätsbildung
Zusammensetzung	• formelle* Gruppe • homogene oder heterogene Teilnehmer*innenzusammensetzung	• informelle** oder formelle Gruppe • homogene oder heterogene Teilnehmer*innenzusammensetzung	• informelle Gruppe • relativ homogene Teilnehmer*innenzusammensetzung

1.1 Team, Gruppe, Abteilung und Clique – Gemeinsamkeiten und Unterschiede

Tab. 1: Gemeinsamkeiten und Unterschiede von Teams, Gruppen und Cliquen – Fortsetzung

	Team	Gruppe	Clique
Prozesse/ Aktivitäten	• Arbeitsprozesse • sportliche Wettkämpfe	• unstrukturiert oder strukturiert • Pflege der Gruppenidentität	• spezifische Aktivitäten • starker Bezug zu einer Idee, einem Thema, Idol o. Ä.
Beziehung nach innen und außen	• eingebunden in Organisationen • soziale Rollen • reflektierte Beziehungen	• spontane Beziehungen in Ad-hoc-Gruppen • alternativ eingebunden in eine Organisation	• oft starke Verbundenheit, zum Teil auch Abhängigkeit • starke Außengrenzen (Gegnerschaft)

Legende: * formelle Gruppe: Gruppe mit klarem formellen Rahmen (z. B. Mitgliedschaft, Ziele, Regeln)
** informelle Gruppe: offene, spontan gebildete Gruppe (z. B. über Sympathie, gemeinsame Freizeitinteressen)

Für die Teamarbeit in psychosozialen Handlungsfeldern stellen sich vor diesem Hintergrund folgende Fragen: Wie gelingt die gemeinsame pädagogische Arbeit unterschiedlicher Berufsgruppen angesichts der gegebenen Spezialisierung und Methodenvielfalt? Wie lassen sich die besonderen Herausforderungen – beispielsweise in der Kooperation mit zahlreichen Auftraggeber*innen, bei der Unterstützung von Kindern, Jugendlichen und Familien in psychisch belasten Lebenslagen oder im Rahmen des alltäglichen Zeit- und Kostendrucks – bewältigen? Wann ist wirklich von Teamarbeit zu sprechen, welche Kriterien braucht es dafür?

Das Team prägt eine funktionale Aufgaben- und Zielorientierung, das heißt, Aufgaben werden vor dem Hintergrund ihrer Bedeutung für die Erreichung der Teamziele festgelegt. Es gilt dabei das Gesamtziel in Teilziele zu untergliedern, diese durch messbare Zielgrößen zu beschreiben und kontinuierlich zu überprüfen sowie zu aktualisieren (Kuhn 2015; Kauffeld & Schulte 2014). Teamziele haben grundsätzlich Vorrang vor

Einzelinteressen, können mit diesen jedoch auch in einem Spannungsverhältnis stehen.

> **Unverzichtbare Teammerkmale**
>
> Die Kernmerkmale von Teamarbeit sind:
>
> 1. die Ausrichtung auf ein gemeinsames Ziel
> 2. der arbeitsteilige Tätigkeits- und Kommunikationsprozess mehrerer Personen
> 3. das aufeinander abgestimmte Ausführen der Arbeitsprozesse (Interdependenz)
>
> (vgl. Kriz & Nöbauer 2002, 23 f.)

Die Zusammenführung der Einzelbeiträge und -leistungen stellt in der Teamarbeit eine komplexe Planungs- und Koordinationsaufgabe dar. Dabei braucht es eine kommunikative Abstimmung in der Planung, Ausführung und Reflexion der Ergebnisse der Teamaktivitäten.

Von grundlegender Bedeutung für Teamarbeit ist die Interdependenz der Mitarbeitenden (Gebert 2004; Busch & von der Oelsnitz 2018, 19f.).

> **Interdependenz**
>
> Interdependenz bezeichnet die wechselseitige Abhängigkeit in der Arbeitsausführung und Zielerreichung (Gebert 2004, 34). Sehr gut ist dies beispielsweise bei einem Operationsteam im Krankenhaus zu beobachten: Nur wenn die Mitarbeitenden sich gegenseitig zum Erreichen des Arbeitsziels brauchen und sich in ihren Beiträgen zum Gesamtergebnis ergänzen, lässt sich von Teamarbeit sprechen. Zu unterscheiden ist zwischen Aufgaben- und Ergebnisinterdependenz.
>
> Ein hoher Grad an *Aufgabeninterdependenz* liegt beispielsweise vor, wenn zwei Mitarbeiter*innen gemeinsam die Jugendlichen in einer stationären Jugendwohngruppe betreuen. Nur wenn beide sich in der Aufgabenausführung ergänzen und gegenseitig unterstützen, kann die Gruppe auch herausfordernde Situationen (z. B. Konflikte) erfolgreich

1.1 Team, Gruppe, Abteilung und Clique – Gemeinsamkeiten und Unterschiede

> bewältigen, sodass die Jugendlichen positive Gruppenerfahrungen sammeln. Eine geringe Aufgabeninterdependenz weisen demgegenüber beispielsweise Beratungsteams im Jugendamt oder im Jobcenter auf. Hier besteht in der Regel eine Einzelverantwortung für die Fallarbeit und nur bei Abwesenheitsvertretungen erhalten andere Mitarbeitende Einblick in die Beratungsarbeit ihrer Kolleg*innen.
>
> Eine hohe *Ergebnisinterdependenz* wird in der arbeitspsychologischen Literatur zumeist mit der Bezahlung der Mitarbeitenden in Abhängigkeit vom Gruppenergebnis verbunden (z. B. Gruppenbonus). Dieses beispielsweise in Teilen der industriellen Fertigung und im Versicherungswesen anzutreffende System ist im psychosozialen Bereich wenig verbreitet. Häufig gibt es hier eine negative Ergebnisinterdependenz: Wenn beispielsweise eine Einrichtung durch das Fehlverhalten eines Mitarbeitenden in der Öffentlichkeit negativ wahrgenommen wird und die Teilnehmer*innen dann bei nachfolgenden Aktivitäten ausbleiben, sind dadurch die Fortsetzung des Angebots und die Weiterbeschäftigung befristeter Mitarbeiter*innen gefährdet. In psychosozialen Institutionen gilt es aufgrund der Bedeutung der Ergebnisinterdependenz für die Arbeitsmotivation und den Teamzusammenhalt andere, kreative Formen der Prämierung von Gruppenleistungen zu finden (Balz & Spieß 2009, 105 f.).

Motive für die Mitarbeit und das Engagement im Team liegen immer auch in psychoemotionalen Faktoren wie etwa Gefühlen von Zugehörigkeit, Sicherheit, Orientierung oder Status begründet. Aus der Perspektive der Mitarbeitenden sind das Arbeitsklima, das Vertrauen und die Arbeitszufriedenheit wichtige Komponenten, die zur Mitarbeiter*innenbindung in einem Unternehmen beitragen (Busch & von der Oelsnitz 2018). Diese *sozioemotionalen Faktoren* sind bei der Definition von Teamarbeit jedoch keine notwendige Voraussetzung.

Die Erweiterung des Handlungs- und Entscheidungsspielraums und die ganzheitliche Aufgabenerfüllung in der Gruppe stellen ebenfalls wichtige Motive von Mitarbeitenden für Teamarbeit dar (Kauffeld & Schulte 2014, 154). *Selbstorganisation* als maximale Ausprägung der Selbstgestaltung des Arbeitsprozesses schließt auch die Ziele der Teamarbeit ein und basiert auf der gemeinschaftlichen Verantwortung der Mitarbeitenden für die Organisations- und Arbeitsstrukturen (▶ Kap. 5.3). Als Argument für die Einführung von selbstorganisierter Teamarbeit wird häufig die Erwartung von Synergieeffekten genannt.

> **Synergie**
>
> Synergie bezeichnet ergebnissteigernde Kooperationseffekte, das heißt, es wird in der Teamarbeit im Vergleich zur Einzelarbeit eine höhere Qualität bzw. Quantität des Gruppenergebnisses erzielt (Larson 2009). Voraussetzung für Synergieeffekte sind die Bündelung der Kompetenzen und Leistungspotenziale aller Teammitglieder, die kreative Gestaltung des Arbeitsprozesses unter Einbeziehung der Ressourcen der Klient*innen bzw. Nutzer*innen sowie die Einbindung motivationsfördernder Gruppenanreize (Kauffeld & Schulte 2014, 156).

Synergieeffekte finden sich in der Sozialarbeit beispielsweise in der Arbeit in intensivpädagogischen Wohngruppen, in der Psychiatrie und in der Erlebnispädagogik (in Musik-, Video- oder Wandmalprojekten). In zahlreichen Feldern der Sozialarbeit besteht jedoch deutlich weniger Kooperation zwischen den Mitarbeitenden in der Teamarbeit, sodass Synergieeffekte hier nicht zu erwarten sind.

Reflexionsfragen zu bisherigen Arbeitserfahrungen

(Zeitbedarf: ca. 60 Min.; ideal im Seminarkontext, aber auch als Einzelreflexion bzw. Austausch mit Mitstudierenden sinnvoll)

- Welche Arbeitserfahrungen haben Sie bisher in Teams gesammelt?
- Welche Erfahrung war Ihnen am wichtigsten, welche hat Sie geprägt?
- In welchem Arbeitskontext haben Sie am meisten gelernt?
- Wie denken Sie heute über Teamarbeit, was erwarten Sie davon, was befürchten Sie in diesem Kontext?

Tauschen Sie sich gegebenenfalls mit Mitstudierenden aus:

- Stellen Sie nacheinander ihre Erfahrungen vor. Die Gesprächspartner*innen haben die Rolle interessiert nachzufragen. Vergleichen Sie Ihre Erfahrungen und fragen Sie sich, welche Schlussfolgerungen Sie daraus für Arbeitsteams und Ihre zukünftige Rolle in einem Team der Sozialen Arbeit ziehen wollen.
- Werten Sie abschließend den Erfahrungsaustausch aus.

In den bisherigen Ausführungen war Teamarbeit auf die Erfüllung einer (meist extern) vorgegebenen Aufgabe fokussiert. Brinkmann und Schattenhofer (2022, 8 f.) benennen als weitere Ziele von Teamaktivitäten »Bildung, Erhalt und Entwicklung des Teams«. Essenziell für den Fortbestand eines Teams sind die Rahmenbedingungen (z. B. Finanzierung, Räumlichkeiten, Ausstattung) sowie die Lern- und Anpassungsfähigkeit des Teams gegenüber sich ändernden Umweltbedingungen und -erwartungen. Die Sicherung dieser Faktoren ist Bestandteil des Selbsterhaltungsziels in der Teamarbeit.

Zur Frage der Mindestzahl an Mitgliedern in Teams finden sich unterschiedliche Meinungen. Zahlreiche Autor*innen sehen die gemeinsame Zielverfolgung, die Rollendifferenzierung und Interaktion bereits bei zwei Personen als gegeben an (z. B. Hertel & Hüffmeier 2014, 222; Gellert & Nowak 2010, 22). Busch und von der Oelsnitz (2018, 17) heben demgegenüber hervor, dass erst ab drei Personen eine wirkliche Teamstruktur entsteht, da wichtige Prozesse der Koalitionsbildung und der Mehrheits- und Minderheitsbildung bei zwei Personen noch nicht möglich sind (ähnlich argumentiert auch Nerdinger 2019a, 120).

1.2 Teamformen – die Vielfalt der Teamkooperation

Teamarbeit richtet sich auf ein Ziel und das Erfüllen einer Aufgabenstellung. In Abhängigkeit davon sind Teamformen nach der Dauer der Zusammenarbeit, dem Freiheitsgrad der Gruppe in der Aufgabenausführung, der Fachlichkeit der Mitglieder und der Kommunikationsform bzw. -struktur zu unterscheiden (Antoni 2014, 266f.). Dementsprechend finden sich folgende Differenzen:

- kontinuierliche vs. zeitlich befristete (temporäre) Teams
- formal reglementierte vs. (teil-)autonome Teams
- fachlich homogene vs. multiprofessionelle Teams
- virtuelle vs. in Face-to-face-Kontakt arbeitende Teams

Kontinuierliche Teams sind in verschiedenen Arbeitszusammenhängen anzutreffen, so als klassische Arbeitsgruppe (z. B. in einem Krankenhaus, einem Restaurant) und als Fertigungsteam beispielsweise in der industriellen Montage (Kauffeld & Schulte 2014, 152 ff.). Ein zeitlich überdauerndes (Kern-)Team in der Sozialarbeit stellt beispielsweise eine Wohngruppe in einer stationären Einrichtung oder in einer Beratungsstelle dar. *Zeitlich befristet* arbeiten demgegenüber Projektteams (s. dazu Wastian, Kraus & von Rosenstiel 2016), beispielsweise in der Freizeitpädagogik oder der Jugendbildung.

Formal reglementierte Teams finden sich in Arbeitskontexten mit hohem Standardisierungsgrad (z. B. bei Imbissketten, in der Fließbandmontage). In der Sozialarbeit ist dies lediglich bei einfachen Verwaltungsaufgaben (z. B. in der Berechnung von sozialen Leistungen in der Eingliederungshilfe) anzutreffen. Bei *(teil-)autonomen Arbeitsgruppen* sind die Entscheidungsspielräume, die eigenverantwortliche Arbeitsausführung, die Rollenverteilung und die Selbstregulation von Gruppenprozessen (z. B. bei der Dienst- und Urlaubsplanung) größer als in formal reglementierten Gruppen. Diese Teamstruktur findet sich in psychosozialen Einrichtungen sehr häufig und erfreut sich bei den Mitarbeitenden großer Beliebtheit (Pukall 2023, 11 ff.).

Ob ein Team *fachlich homogen oder multiprofessionell* zusammengesetzt ist, ist wesentlich von der Aufgabenstellung und dem diesbezüglichen Qualifikationsbedarf abhängig. Im Jugendamt finden sich zumeist homogene Mitarbeiter*innenteams von Sozialarbeiter*innen bzw. -pädagog*innen. Demgegenüber besteht beispielsweise in Erziehungsberatungsstellen ein Professionsmix aus pädagogischen und psychologischen

Fachkräften: Sozialarbeiter*innen, Psycholog*innen, Heilpädagog*innen und andere Mitarbeitende mit verschiedenen Zusatzqualifikationen (z. B. als Kinder- und Jugendpsychotherapeut*innen).

In der Sozialen Arbeit existiert darüber hinaus ein Mix aus *hauptberuflicher und ehrenamtlicher Arbeit*. Viele soziale Einrichtungen sind auf ehrenamtliches Engagement angewiesen, um ihr Aufgabenspektrum zu bewältigen (z. B. Jugendarbeit, Arbeit mit geflüchteten Menschen). Die Motivation ehrenamtlich engagierter Personen für die Mitarbeit liegt (neben den Arbeitsinhalten) stärker im Bereich der psychoemotionalen Bedürfnisse (z. B. soziale Kontakte, Teilhabe an einer Gemeinschaft Gleichgesinnter). Die strukturelle Einbindung, die Vorqualifikation und die Kenntnisse sind demgegenüber sehr unterschiedlich, sodass der Einbezug in die Arbeitsstrukturen sehr genau geplant und immer nur inhaltlich und zeitlich begrenzt erfolgen kann. Hier ist die Unterscheidung zwischen dem Kernteam und themenfeldbezogenen Teilteams, Arbeitsgruppen bzw. Netzwerken sinnvoll.

Virtuelle Teams sind insbesondere bei international und multiprofessionell arbeitenden Projektgruppen (z. B. Forschungs- und Entwicklungsteams) weitverbreitet (Busch & von der Oelsnitz 2018, 100 f.). In der Sozialarbeit ist die Arbeit *in Präsenz im Face-to-face-Kontakt* vorherrschend, wobei nach der Coronakrise das Ausmaß der Homeoffice-Tätigkeit und die virtuellen Beratungsangebote deutlich zugenommen haben. Eine kontrovers geführte fachliche Diskussion bezieht sich dabei darauf, wie im virtuellen Kontakt auch Beziehungsprozesse, Vertrauen und Nähe hergestellt werden können (s. dazu Witzel 2023). Anderseits sind virtuelle Beratungsangebote speziell von mobilitätseingeschränkten Personen besser nutzbar und auch Jugendliche lassen sich darüber leichter ansprechen.

Bedeutsam für die Teamprozesse ist auch die *organisationale Anbindung* eines Teams. Hier gibt es »unwrapped teams« (Edding & Schattenhofer 2020, 30), die beispielsweise Kunden vor Ort in deren Unternehmen beraten und zur »Mutterorganisation« nur einen punktuellen Kontakt haben. Ein Beispiel hierfür aus der Sozialarbeit sind Schulsozialarbeiter*innen, die als Mitarbeitende des Jugendamts permanent einer Schule zugewiesen sind. In dieser Konstellation kann es zu »Zugehörigkeits- und Loyalitätskonflikten« zwischen Schulmitarbeit und formaler Funktion als Mitarbeiter*in des Jugendamtes kommen. Diese Teams weisen eine interorganisationale Teamstruktur auf (▶ Kap. 2.3).

In der Sozialen Arbeit gibt es daneben Krisenteams. Diese beispielsweise im Jugendamt auf die Analyse von Kindeswohlgefährdung spezialisierten Arbeitsgruppen oder in sozialpsychiatrischen Einrichtungen bestehenden Teams sind in unterschiedlicher organisationaler Struktur als permanente, hinsichtlich ihrer Profession homogene Teams, aber auch als Ad-hoc-Teams im Bereitschafts- und Hintergrunddienst in verschiedenen Kommunen im Einsatz. Krisenteams sind häufig multiprofessionell besetzt, insbesondere bei professionsübergreifenden Aufgabenstellungen, beispielsweise im Sozialpsychiatrischen Dienst.

Die Vielfältigkeit von Teamarbeit geht mit unterschiedlichen Gestaltungsfragen einher (Boerner, Hüttemann & Reinwald 2017). Um sich diesen in einer leichten und humorvollen Art zu nähern, habe ich zusammen mit Ulli Schreiber (ehemals Teamleiter im Jugendamt Bielefeld) zehn Thesen zu wohlgemeinten (aber wenig hilfreichen) Handlungsstrategien in der Teamarbeit formuliert. Ein humoristischer Beitrag zu No-Gos in der Teamarbeit (analog zur »Kopfstand-Methode« in Paul Watzlawicks »Anleitung zum Unglücklichsein«, 1983):

1. Lass dich in Teammeetings nicht auf andere Perspektiven zur Betrachtung der Situation ein, man würde dich als »Wendehals« ansehen. Widerstehe der Erweiterung der Sichtweisen, da diese sicher nur geschickte Strategien deiner Gegner*innen beinhalten, um dich zu beeinflussen (▶ Kap. 2.1 zur Bedeutung von Reflexivität)
2. Beschäftige dich nicht über Gebühr mit Fehlern in der Aufgabenerledigung. Achte vielmehr ressourcenorientiert auf das Gelingende, dadurch werden die Fehler quasi von allein an Bedeutung verlieren und im Idealfall in Vergessenheit geraten: So lässt sich ein Imageschaden für das Team vermeiden (▶ Kap. 1.3 zum Umgang mit Fehlern).
3. Konflikte werden gemeinhin überschätzt. Schenke diesen nicht so viel Beachtung und Aufmerksamkeit. Sie ziehen Energie und Engagement ab. Konflikte erledigen sich im Idealfall von selbst. Nichtbeachtung ist hier ein probates Mittel (▶ Kap. 3.5 zur Konfliktbearbeitung).
4. Achte als Teammitglied darauf, dass auch der/die letzte Zweifelnde mitgenommen wird, das heißt, Kontroversen sollten bis zu einem all-

1.2 Teamformen – die Vielfalt der Teamkooperation

gemeinen Konsens ausdiskutiert werden. Lass uns das Maßnahmenpaket in diesem Zusammenhang nochmals grundsätzlich überdenken (▶ Kap. 4.2 bis ▶ Kap. 4.4 zu Entscheidungen im Team).

5. Im Team sollten alle alles machen. Eine zu starke Binnendifferenzierung in den Aufgaben führt nur dazu, dass die Mitarbeitenden sich ihre »Nischen« schaffen und diese pflegen. Hier darf es keine »Sonderaufgaben« geben. Sozialarbeiter*innen müssen jedes Arbeitsfeld gleich gut ausfüllen (▶ Kap. 1.3 und ▶ Kap. 2.2 zu Teamrollen und Aufgabendifferenzierung).

6. Sozialarbeiter*innen haben eine natürliche Resilienz im Studium erworben und sind dementsprechend gegenüber psychischen Belastungen immun. Es reicht, auf die besonderen Kompetenzfelder der Sozialarbeiter*innen zu verweisen, um den Mitarbeitenden wieder Energie zu geben (▶ Kap. 3.2 und ▶ 4.5 zu Resilienz und Stressbewältigung).

Und nun noch Hinweise für neu berufene Teamleiter*innen:

1. Arbeite nach dem Motto »Neue Besen kehren gut«, stelle also alle bisherigen Spielregeln und Gewohnheiten in der Teamarbeit auf den Prüfstand. Beweise deine besondere Begabung »Menschen zu führen«. Durch deine besonderen Kompetenzen hast du den »Überblick« und kannst so die richtigen und für alle gerechten Entscheidungen treffen (▶ Kap. 4.2 zur Führung von Teams).

2. Diene der Organisation, das heißt: fülle deine Leitungsfunktion konsequent aus, vertritt in Teambesprechungen nachdrücklich, ohne überflüssige Begründungen die in der Leitungsrunde festgelegten Maßnahmen (▶ Kap. 3.4 zu Multiperspektivität).

3. Unterstelle den Mitarbeiter*innen, dass da noch was geht, das heißt, dass sie mit mehr Engagement doch noch zu deutlich höheren Leistungen in der Lage sind. Appell an den Einsatzwillen reicht dafür, Feedback und Wertschätzung sind nicht notwendig (▶ Kap. 4.2 zur Motivation von Mitarbeitenden).

4. Oder: Lass die Mitarbeiter*innen machen und enge sie nicht durch einen gesetzten Rahmen ein. Das bremst nur die Kreativität, Mitbestimmung und die Selbstorganisationsfähigkeit der Beteiligten. Die Gruppe wird es schon richten. Nur ohne deine »Einmischung« wird es

zu einer passgenauen Übereinkunft in der Aufgabenerledigung kommen (▶ Kap. 4.3 zu Selbstorganisation).

1.3 Zusammenarbeit – vom Netzwerk zum Team

Arbeitsstrukturen unterscheiden sich im Grad ihrer strukturellen Vernetzung und in der wechselseitigen Bezugnahme der Akteur*innen innerhalb einer Organisation und über die Organisationsgrenzen hinaus (▶ Abb. 2). Dies lässt sich in der Frage bündeln: Wie viel Team steckt in einer Organisation bzw. Organisationseinheit? Wie viel Kooperationsgewinn/Synergie realisiert eine Gruppe in ihrer Zusammenarbeit?

Hacker unterscheidet den Grad der Zusammenarbeit auf Grundlage der Verzahnung der Schritte im Arbeitsprozess. Arbeitsorganisatorisch grenzt er *Sukzessiv- und Integrativverband* voneinander ab:

»In einem Sukzessivverband setzt jedes Mitglied mit einer individuell verschiedenen Aufgabe die Tätigkeit des am gleichen Arbeitsgegenstand vorher tätigen Mitglieds fort. Die eigene Arbeit kann nur nach der auftragsgerechten Fertigstellung der Arbeit der vorher Tätigen ausgeführt werden […] Im Integrativverband sind mehrere Werktätige gleichzeitig arbeitsteilig abgestimmt am gleichen Arbeitsgegenstand tätig« (Hacker 1986, 93 f.).

Praxisbeispiel: Sukzessivverband

Mitarbeiter*innen einer stationären Jugendhilfeeinrichtung bringen die Kinder und Jugendlichen nach dem Aufstehen, der Körperpflege und dem Frühstück zur Busstation, wo sie abgeholt und zu ihrer jeweiligen Schule gefahren werden. Die dortigen Mitarbeiter*innen begrüßen die Kinder und Jugendlichen und beginnen mit ihnen den Schulalltag.

1.3 Zusammenarbeit – vom Netzwerk zum Team

Deutlich höher sind die Kooperationsmöglichkeiten in einem *Integrativverband*, also wenn Mitarbeiter*innen gleichzeitig an demselben Arbeitsgegenstand bzw. mit den gleichen Klient*innen arbeiten.

Jugendhilfeeinrichtung

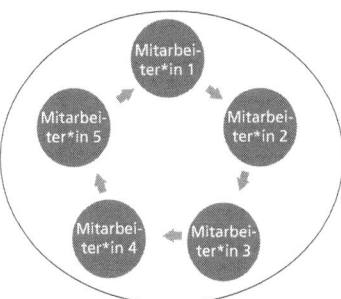

intraorganisationale
Teamstruktur

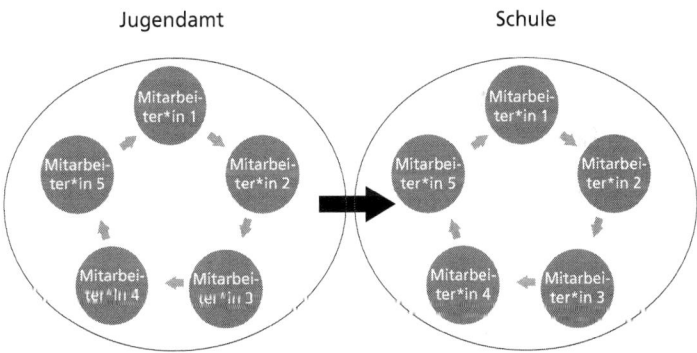

interorganisationale
Teamstruktur

Abb. 2: Intraorganisationale und interorganisationale Teamstrukturen (eigene Darstellung)

1 Grundlagen, Formen und Ausgestaltung von Teamkooperation

Praxisbeispiel: Integrativverband

In einer Ferienfreizeit mit Jugendlichen planen die Betreuer*innen die Gruppenaktivitäten gemeinsam, führen sie gemeinsam durch und werten sie gemeinsam aus. Noch intensiver ist der Kooperationsbedarf beispielsweise in einer von zwei Therapeut*innen durchgeführten Familientherapie. Neben der Gesprächs- und Beziehungsgestaltung ist hier unter anderem eine enge Abstimmung im Einsatz von beraterisch-therapeutischen Methoden nötig.

Grundlage der Planung von Zusammenarbeit sollte auch die Art der Aufgabe sein. Nur wenn sich über die Art der Aufgabe die Notwendigkeit zur Teamarbeit begründen lässt, ist Teamarbeit auch unverzichtbar. Bei der Betrachtung der Kooperation hat Steiner (1972) zwischen drei Aufgabentypen unterschieden:

- *Additive Aufgaben* sind in Einzelarbeit auszuführende Aufgaben. Das Gruppenergebnis wird summiert. Beispiele wären hier das Sortieren von Briefen und für die Soziale Arbeit die Tagespflege bzw. die Berechnung von Unterstützungsleistungen.
- *Bei disjunktiven Aufgaben* wählt die Gruppe bei Problemlöseaufgaben ein Ergebnis aus. Hier sind zwei Aufgabentypen zu unterscheiden. Bei Aufgaben mit offensichtlich richtigem Ergebnis (»Nur das beste Ergebnis zählt«) ist nicht das Gesamtteam, sondern der in diesem Aufgabentyp leistungsfähigste Mitarbeitende für die Erledigung auszuwählen. Anzuwenden wäre dieses Vorgehen zum Beispiel bei speziellen Aufgaben, die umfangreiches Fachwissen (z. B. in der Diagnoseerstellung, Therapie) erfordern. Daneben gibt es Aufgaben ohne offensichtlich richtiges Ergebnis. Bei diesen entfaltet die Gruppe in ihrer Vielfalt ihr Potenzial. Beispiele sind Helferkonferenzen, Konfliktberatungen und die Mediation.
- *Bei konjunktiven Aufgaben* erbringen alle Mitglieder Beiträge, die zur Zielerreichung notwendig sind (»Jeder ist wichtig, alle mitnehmen«). Hier kommt es darauf an, ob die Aufgabe teilbar ist oder nicht. Ist sie teilbar, dann erzielt die Gruppe ein besseres Ergebnis als die leistungsschwächeren Mitglieder. Ein Praxisbeispiel ist die Durchführung einer

Veranstaltung, etwa ein Tag der offenen Tür. Bei Aufgaben, die nicht teilbar sind, ist die Gruppe so leistungsfähig wie das leistungsschwächste Mitglied (»Keine Person zurücklassen, alle mitnehmen«). Prototypisch ist hier eine Wanderung beispielsweise in einer Jugendfreizeit zu nennen.

Aus dieser Unterscheidung lässt sich ableiten, dass Expertenaufgaben mit hohem Anforderungsgrad (disjunktive Aufgaben mit richtigem Ergebnis) gegen eine gemeinsame Aufgabenerledigung im Team sprechen. Eine teamorientierte Lösung bei diesem Aufgabentyp besteht darin, dass die in der Aufgabe leistungsfähigste Person ermittelt und die anderen Teammitglieder Unterstützungsarbeiten (z. B. Informationsbeschaffung, Versorgung der Expert*innen) übernehmen. Auch bei additiv zusammengefügten Gruppenleistungen muss unter Gesichtspunkten der Ergebnisoptimierung eine Einzelarbeitsstruktur bevorzugt werden, da durch die produktionshemmenden Gruppeneffekte – in der Literatur als Produktionsblockierung bezeichnet (Schultz-Hardt, Hertel & Brodbeck 2007; ▶ Kap. 2.3) – das Leistungsergebnis im Vergleich zu den addierten Einzelleistungen geringer ist. Stellt man nicht das Arbeitsergebnis als Kriterium in den Mittelpunkt, so kann aufgrund des emotionalen Gruppenzusammenhalts oder von psychischen Entlastungsfaktoren (z. B. in einem Krisenteam) dennoch eine Teamstruktur gewählt werden.

Kooperation

Kooperation geht von einem gemeinsamen Interesse der Beteiligten an der Zielerreichung aus. Die Partner*innen in der Kooperation lassen sich von der Einsicht in die Notwendigkeit, dass das Ziel auf Basis gemeinsam vereinbarter (oder impliziter) Regeln und Arbeitsprinzipien zu erreichen ist, leiten. In der Kooperation findet sich der Grundgedanke von Gegenseitigkeit bzw. *Reziprozität*, das heißt, dass Geben und Nehmen in der Zusammenarbeit in einem langfristig ausgeglichenen Verhältnis stehen. »Eine einfache Regel ist die des ›Tit for tat‹, d. h. ›Wie du mir, so ich dir‹. Bei dieser direkten Reziprozität steht ein Ausgleich

> für eine Gabe oder eine Handlung im Vordergrund« (Balz & Spieß 2009, 20).

Besondere Herausforderungen stellen Mitarbeitende dar, die mehr nehmen als sie geben (»Nehmer«; vgl. Busch & von der Oelsnitz 2018, 155), da sich hierdurch die anderen Mitarbeitenden im Team ausgenutzt fühlen. Personen, die mehr geben als nehmen (»Geber«) sind demgegenüber teamarbeitsförderlich und erhalten auf lange Sicht bei anderen Menschen ein positives »(virtuelles) Beziehungskonto, auf dem Posten wie Vertrauen, Reputation, Glaubwürdigkeit und Sympathie verbucht werden« (ebd.).

Kriterien zur Beurteilung des Kooperationsgrades sind die Ausprägung gemeinsamer Interessen (im Unterschied zu Eigeninteressen), die Wege zur Zielerreichung (»Wie viel Abstimmung ist notwendig?«), die Koordination der eingesetzten Ressourcen und die Intensität der interpersonellen Interaktion. Pabst, Schütt und Tyrasa (2022, 144 ff.) unterscheiden anhand dieser Kriterien vier Stufen der Zusammenarbeit:

- *Netzwerkstrukturen* verfolgen auf der Basis von Kommunikation und Informationsaustausch im Schwerpunkt Eigeninteressen.
- Die weitergehende *Stufe der Koordination* beinhaltet Abstimmungsaktivitäten, die auf effektivere Arbeitsergebnisse abzielen, einen auf die Ziele abgestimmten Informationsfluss aktiv gestalten, wobei aber dennoch getrennte Ziele verfolgt werden.
- In der *Stufe der Kooperation* geht es neben dem effektiven Informationsfluss und der Abstimmung der Aktivitäten auch um die effektive Nutzung der Ressourcen, um Teilarbeitsaufträge zumeist individuell zu bearbeiten.
- Die *Kollaboration* als höchste Stufe und echte Teamkooperation »ist ein Prozess, bei dem wir in einem Team Informationen, Ressourcen und Verantwortlichkeiten gemeinsam nutzen, um Aktivitäten zur Erreichung eines gemeinsamen Ziels zu planen, umzusetzen und zu bewerten« (ebd., 145).

1.3 Zusammenarbeit – vom Netzwerk zum Team

Praxisbeispiel: Analyse der Arbeitsprozesse und des Kooperationsbedarfs

Sie finden im Folgenden die Schilderung der Arbeitsstruktur im Wohnbereich einer Jugendhilfeeinrichtung. Wenden Sie die in diesem Kapitel kennengelernten Begriffe darauf an und bestimmen Sie die jeweiligen Kooperationsformen. Zeichnen Sie eine Skizze zur Struktur der Einrichtung und der Arbeitsabläufe. Welche Arbeitsformen finden sich? Gibt es hier echte Teamarbeit? Entwickeln sie abschließend Vorschläge zur Vertiefung der Kooperation.

Die Jugendhilfeeinrichtung »Heiterblick« besteht aus vier Wohngruppen, einem ambulanten Team, das aufsuchende Familienarbeit anbietet, einer Förderschule und einer Beratungseinrichtung mit dem Schwerpunkt Frühförderung. Hier soll die Kooperation der Mitarbeiter*innen in den Wohngruppen näher betrachtet werden.

In jeder der vier Wohngruppen werden in der Früh- und Nachmittagsschicht neun Kinder von jeweils zwei Fachkräften betreut. Die Nachtbereitschaft und die Wochenenddienste übernehmen regelmäßig Kolleg*innen, die hier neben ihrem Studium arbeiten. Es gibt zwischen Früh- und Nachmittagsschicht eine Übergabe, die Informationen dazu werden in einem Übergabebuch festgehalten. Die Früh- und Nachmittagsteams bleiben in Wohngruppe 1 konstant, in Wohngruppe 2 und 3 wechselt deren Zusammensetzungen monatlich. Die Teams haben 14-tägig Teamsitzungen, einmal im Vierteljahr gibt es ein Treffen des Gesamtwohnbereichsteams (aller Mitarbeiter*innen der Wohngruppen) und einmal im Monat zwei Stunden externe Supervision.

Einzelne Kinder erhalten motopädagogische bzw. spieltherapeutische Stunden. Dazu werden sie von den Betreuer*innen in die Beratungseinrichtung gebracht. In den Helferkonferenzen nehmen dann auch die jeweiligen Fachkolleg*innen der Beratungsstelle teil.

1.4 Faktoren gelingender Kooperation

Fragt man Mitarbeiter*innen in psychosozialen Einrichtungen danach, ob sie an Kooperation interessiert sind, so erhält man in der Regel Zustimmung. Gelegentlich wird die Frage aufgrund der wahrgenommenen Selbstverständlichkeit von Kooperation bereits mit Kopfschütteln und Unverständnis quittiert. Dennoch ist es hilfreich auf die »andere Seite« zu schauen und zu fragen, was Kooperation erschwert, und zugespitzt formuliert: Wo liegt der Nutzen von »Nichtkooperation«?

Individuelle Faktoren

Auf der individuellen Ebene geht eine Intensivierung der Zusammenarbeit möglicherweise mit der Notwendigkeit einher, auf persönliche Autonomie zu verzichten bzw. Eigeninteressen zurückzustellen. So besteht beispielsweise bei Arbeitsplätzen mit einer Homeoffice-Option immer auch die Frage, wie oft der*die Mitarbeiter*in in der Dienststelle präsent sein soll? Hier begegnen sich persönliche Interessen nach Minimierung der Fahrtzeiten und Gestaltung einer familienverträglichen Arbeitssituation in einem Spannungsfeld mit betrieblichen Interessen nach einer größeren Präsenz der Mitarbeitenden in der Dienststelle und der Möglichkeit der Kontrolle durch die*den Vorgesetzte*n.

In der direkten Kooperation wird das berufliche Handeln für andere Personen sichtbar und damit prinzipiell auch kritisierbar. Daraus ergibt sich, dass die Zusammenarbeit die Fähigkeit zur selbstkritischen Reflexion des eigenen Handelns erfordert. Dies betrifft auch das Hinterfragen möglicherweise ineffektiver Arbeitsroutinen/-gewohnheiten, der eingesetzten Arbeitsmethoden und des gezeigten Arbeitstempos (Transparenz des eigenen Arbeitsaufkommens). In diesem Zusammenhang kommt der Gestaltung von Feedbackprozessen eine besondere Bedeutung zu (▶ Kap. 4.4).

Bei den persönlichen Faktoren müssen auch das Dominanzstreben und die Verträglichkeit angesprochen werden. Beide Faktoren sind Persönlichkeitsfaktoren, die in Zusammenhang mit der Fähigkeit stehen, sich konstruktiv in die Teamkooperation einzubringen. Ein übersteigertes

Dominanzstreben erschwert den kollegialen Dialog und die gleichberechtigte Zusammenarbeit. Verträglichkeit (ein Faktor im Big-Five-Modell der Persönlichkeit) steht anderseits in einem positiven Verhältnis zu einem konstruktiven Arbeitsverhalten in der Teamarbeit (s. Nerdinger 2019a).

Prozessuale Faktoren

Für die Teamarbeit ist der Umgang mit Mängeln und Fehlern von besonderer Bedeutung, insbesondere gilt es, diese nicht unbesprochen zu lassen. Das Konzept einer fehlerfreundlichen Organisation bzw. einer konstruktiven Fehlerkultur kann hierbei als Basis für ein konstruktives Verhalten dienen. Das Konzept geht davon aus, dass ein Fehler als wichtige Quelle zur Verbesserung der Arbeit gesehen werden kann, sodass ein bewusster und konstruktiver Umgang mit Fehlern gesucht wird. So kann in Qualitätszirkeln, einer speziellen Form eines Projektteams (s. Loffing 2005), eine systematische Analyse von Fehlern erfolgen, woraufhin von den daran beteiligten Mitarbeiter*innen Vorschläge zu deren Behebung erarbeitet werden (Kauffeld & Martens 2014, 231 f.).

Strukturelle Faktoren

In der Sozialen Arbeit gibt es zahlreiche Arbeitsbereiche, in denen die Einzelverantwortung in der Arbeit mit den Klient*innen dominiert (z. B. Beratungsstellen, Sozialpädagogische Familienhilfe, Betreutes Wohnen). In diesen Kontexten ist eine Konzentration auf den Einzelfall und die Verbesserung der Lebenssituation der Klient*innen vorrangig. Insofern sollte echte Teamarbeit (im Sinne der Kollaboration) nur gesucht bzw. erwartet werden, wenn die Aufgabenerledigung diesen Grad der Optimierung der Prozesse auch erfordert.

Darüber hinaus ist die Ergebnisinterdependenz von Bedeutung. Das heißt, ob es auch eine gemeinsame Honorierung der an der Kooperation Beteiligten gibt, ist aus Sicht der Mitarbeitenden eine Voraussetzung dafür, dass sich Kooperation lohnt.

Psychologische Sicherheit

Bei der psychologischen Sicherheit handelt es sich um einen zentralen Faktor der Teamkultur und des Teamklimas. Im Mittelpunkt psychologischer Sicherheit steht eine angstfreie Atmosphäre in der Zusammenarbeit und beim Umgang mit Fehlern und Schwächen (Edmondson 2020). Hier kommt der Teamleitung eine zentrale Verantwortung dabei zu, einen offenen Dialog über Risiken, auch eigene Fehler zu führen, andere Personen nicht zu maßregeln und zu beschämen. So können das Vertrauen in das eigene Tun und das Bewusstsein, dass alle für den Erfolg des Teams verantwortlich sind, gestärkt werden.

Bei der Analyse der Erfolgsfaktoren von Teamarbeit in der Firma Google (Projekt Aristoteles) über einen Zeitraum von fünf Jahren kamen die Forscher*innen zu dem Resümee, dass die psychologische Sicherheit der zentrale Faktor ist, der erfolgreiche von weniger erfolgreichen Teams unterscheidet (Duhigg 2016).

Edding und Schattenhofer (2020) setzen sich mit der Frage auseinander, welche Dimensionen dazu beitragen, dass echte Teamarbeit entsteht. Die Autoren benennen hierzu sechs Faktoren:

- Standardisierung der Aufgabe (standardisiert vs. »offene, neu zu gestaltende Aufgabe«)
- zeitliche Dauer der Aufgabenerledigung (kurz vs. dauerhaft)
- Mitgliederzahl (größer als 20 vs. ideale Größe von vier bis acht Mitgliedern)
- Homogenität der Gruppe (sehr homogen vs. sehr heterogen)
- Grad der Leitung (geführtes Team vs. sich selbst bestimmendes Team)
- Einbindung in die Organisation (fest eingebunden und von Organisationsregeln bestimmt vs. »freies« Team mit wechselnden Auftraggeber*innen)
(vgl. ebd., 31 ff.)

Die von den Autoren genannten Dimensionen sind jeweils in der erstgenannten Ausprägung weniger *teaming*. Mit den Dimensionen Standardisierung und Mitgliederzahl sind strukturelle Voraussetzungen für die Teamarbeit angesprochen und bei dem Grad der Leitung und der Einbindung in die Organisation lassen sich die Autoren vom Ideal einer selbstorganisierten Teamarbeit leiten (▶ 4.3 zum Thema New Work). Homogenität und zeitliche Dauer stehen demgegenüber in keinem direkten Zusammenhang zu der Frage, ob eine Arbeitsgruppe als Team zusammenarbeitet. Gerade in kurzzeitigen Arbeitskontexten lässt sich effektive Arbeit nur durch klare Zielfokussierung, präzise Rollenabsprachen und Aufgabenverteilung erreichen.

Auf den Punkt gebracht

- Teamarbeit ist oft gewünscht und im sozialen Bereich entspricht sie auch den Bedürfnissen der Mitarbeitenden nach sozialem Austausch und Unterstützung.
- Teamarbeit muss erforderlich sein (zur Erfüllung der Arbeitsziele) und sich auf institutionelle Vorgaben und Ressourcen stützen.
- Teamarbeit muss nützlich sein, sie muss die Qualität der Dienstleistung steigern.
- Teamarbeit muss am Ergebnis ablesbar sein und bei den Klient*innen ankommen.
- Teamarbeit muss die Mitarbeiter*innen entlasten.
- Teamarbeit muss das Lernen und die soziale Unterstützung fördern.
- Teamarbeit muss Spaß machen.

Weiterführende Literatur

Edding, Cornelia & Schattenhofer, Karl (2020): Einführung in die Teamarbeit. Heidelberg: Carl Auer.
Kauffeld, Simone (Hrsg.) (2014): Arbeits-, Organisations- und Personalpsychologie für Bachelor (2. Aufl.). Berlin: Springer.
Nerdinger, Friedemann W. (2019a): Teamarbeit. In: Friedemann W. Nerdinger, Gerhard Blickle & Niclas Schaper (Hrsg.): Arbeits- und Organisationspsychologie (4. überarb. Aufl., S. 119–134). Berlin: Springer.
Van Dick, Rolf & West, Michael A. (2013): Teamwork, Teamdiagnose, Teamentwicklung (2. überarb. u. erw. Aufl.). Göttingen: Hogrefe.

2 Modelle und Effekte von Teamarbeit

> ☞ **Überblick**
>
> In diesem Kapitel lernen Sie Modelle zur Systematisierung von Teamprozessen kennen. Dazu werden Teamprozesse auf mehreren Ebenen betrachtet: auf der Ebene der Gruppendynamik, in der Zeitdimension, auf der Handlungsebene und im Kontext der Teamrollen. Vertiefend geht es um Einflussfaktoren auf das Teamlernen und die Reflexivität im Team, beides Faktoren, die die Innovationskraft und die Fähigkeit zur Weiterentwicklung der Teamarbeit fördern (van Dick & West 2013). Im Weiteren werden die Systematik von Teamrollen beschrieben und Einflussfaktoren auf die Teamproduktivität (Prozessgewinne und -verluste) benannt.

Teams brauchen gruppendynamisch betrachtet *stabilisierende* und *dynamische Faktoren* (Edding & Schattenhofer 2020, 16 ff.).

Stabilisierende Faktoren geben den Teammitgliedern Orientierung und Sicherheit dabei, sich den Arbeitsprozessen zuzuwenden. Diese liegen in den organisationalen Strukturen, den kommunikativen- und Entscheidungsstrukturen, den Rollen, den Verhaltensnormen und Arbeitsroutinen begründet.

Darüber hinaus sind in der Teamarbeit dynamische, veränderungsorientierte Faktoren nötig, die die Gruppenentwicklung, die Flexibilität für die Berücksichtigung von neuen Anforderungen und das Lernen befördern. Hierzu sind neben Neuerungen (z. B. neue Mitarbeitende, neue Aufgaben, Input durch Fort- und Weiterbildung) veränderte Kund*innenwünsche und rechtliche Rahmenbedingungen zu zählen. Letztlich gehören dazu aber auch Spannungen, die beispielsweise zwischen verschiedenen sich widersprechenden Zielen bestehen. Gleiches gilt für Konflikte, die sich aus den Unterschieden der im Team beteiligten Persönlichkeiten ergeben. Deren konstruktive Lösung kann zu einem vertieften gegenseitigen Verständnis und einer Klärung der gemeinsamen Aufgaben beitragen (Brinkmann & Schattenhofer 2022, 125 ff.; ▶ Kap. 3.5).

2.1 Modelle zur Systematisierung von Teamprozessen

Entwicklung lässt sich als Veränderung über Zeit beschreiben. Allgemeine Teammodelle gehen von einem *Input-Prozess-Output-Modell* aus (z. B. van Dick & West 2013, 34 ff.).

Zum *Input* gehören die Elemente, die einem System zugeführt werden (z. B. Anzahl der Mitarbeitenden, Arbeitsaufträge). Sie sind Voraussetzung dafür, dass Teamprozesse möglich werden, und geben einen Rahmen für die Ausgestaltung dieser vor.

Die dem System inhärenten *Prozesse* beinhalten beispielsweise die Aufgabenerledigung, die Kommunikations- und die Entscheidungsprozesse. Deren Ausgestaltung ist von den institutionellen Rahmenbedingungen, den Arbeitsmitteln (z. B. räumliche Ausstattung, Methodenwissen) und den beteiligten Personen abhängig. Hier ist es sinnvoll, zwischen harten Faktoren (z. B. Anzahl der Personen, Maschinen) und den weichen Faktoren (z. B. Kommunikation, Teamkultur, Motivation) zu unterscheiden. Insbesondere die letzteren Faktoren gilt es im Kontext von Teamentwicklung, -supervision und -coaching zusammen mit den Teammitgliedern weiterzuentwickeln.

Zu *Output*faktoren sind die Ergebnisse der Teamprozesse zu rechnen, hier insbesondere die Quantität und Qualität der Produkte oder Dienstleistungen (Balz & Spieß 2009, 130 ff.).

2 Modelle und Effekte von Teamarbeit

Es liegen zahlreiche Übersichten zu dieser Dreiteilung vor, die aus empirischen Befunden abgeleitet sind bzw. als empirische Untersuchungsdesigns fungieren. Beispielhaft wird nachfolgend die von Kauffeld und Schulte (2014) vorgenommene Zuordnung der Einzelfaktoren vorgestellt (▶ Abb. 3).

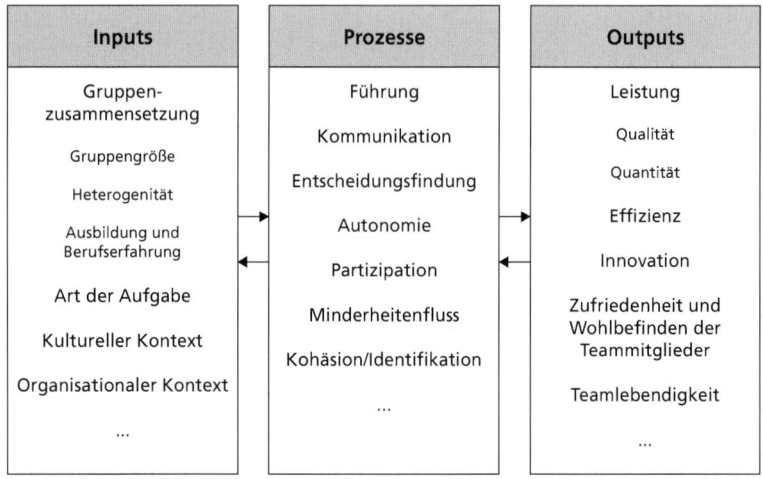

Abb. 3: Input-Prozess-Output-Modell (eigene Darstellung, orientiert an van Dick & West, 2013, 34)

Als wichtige *Inputfaktoren* unterscheiden die Autor*innen Organisations- und Gruppenfaktoren sowie individuelle Aspekte. Bei den Organisationsfaktoren handelt es sich um im Umfeld liegende Merkmale der Organisation, häufig aus dem Selbstverständnis und der Geschichte der Organisation abgeleitete Faktoren (z. B. Informationssysteme, Entscheidungsprozesse). Konkreter auf die Teamarbeit bezogen sind es Gruppenfaktoren wie beispielsweise die Aufgabenstellung und die Teamzusammensetzung. Ergänzt werden die Gruppenfaktoren durch die individuellen Faktoren; beide Bereiche stehen in einer engen Wechselwirkung.

Die *Prozessfaktoren* wirken sich direkt auf den Fertigungsprozess bzw. die Kund*innenarbeit aus. Neben der Aufgabenausführung und psychoemotionalen Gruppenfaktoren (z. B. Teamklima) umfassen sie auch solche Faktoren, die die Teampotenziale und Lernfähigkeit beeinflussen

(z. B. Reflexivität und Teamvisionen). Diese Prozessfaktoren gilt es im Kontext der Teamdiagnostik zu messen, um davon ausgehend Visionen, Ziele und Herausforderungen für die Teamentwicklung zu bestimmen (▶ Kap. 5.1).

Die *Outputfaktoren* unterteilen Kauffeld und Schulte (2014, 157) in Gruppen- und individuelle Faktoren. Zentral sind dabei Leistungsgesichtspunkte (z. B. Anzahl der durchgeführten Beratungen, Qualität des Betreuungsangebots). Bedeutsam sind in der Systematisierung darüber hinaus auch sozioemotionale Faktoren (z. B. Arbeitszufriedenheit, Wohlbefinden).

Die Beschreibung der Faktoren verschafft einen ersten Überblick über die Einflussfaktoren, die in Teamprozessen bedeutsam sind. Kritisch ist bei dieser Modellform jedoch anzumerken, dass Wechselwirkungen und zirkuläre Einflüsse leicht übersehen werden. Auch bleiben bei der Suche nach den funktionalen Zusammenhängen und Handlungskontexten zahlreiche Fragen offen, beispielsweise: Wie steht die Ausgangsmotivation der Mitarbeiter*innen in einem Projektteam in Beziehung zu den inneren Faktoren der Führung und Kommunikation?

Ein *handlungsorientierter Modellansatz* findet sich bei Busch und von der Oelsnitz (2018), indem die Autoren die Teamprozesse nach den Hauptaktivitäten differenzieren. Dabei unterscheiden sie (unter Bezug auf Marks, Mathieu & Zaccaro 2001) Handlungs-, Beziehungs- und Übergangsprozesse. Die Handlungs- und Beziehungsprozesse weisen eine Analogie zu der bei Gruppen bedeutsamen Unterscheidung in Aufgaben- und sozioemotionale Funktionen auf.

Zu den *Handlungsprozessen* rechnen Busch und von der Oelsnitz (2018, 123 ff.)

- die zielorientierte Fortschrittskontrolle (Überprüfung der Arbeitsschritte und -erfolge, Kommunikation über zielrelevante Informationen),
- die Systemkontrolle (z. B. Überwachung der Ressourcen, d. h. Ausrüstung, Personal),

- die Handlungskontrolle und Unterstützung (z. B. direkte Hilfe für Teammitglieder bei der Aufgabenausführung, Anleitung, Feedback) und
- die Koordination (Abstimmung der Aufgabenausführung).

Zu den *Beziehungsprozessen* gehören

- die Konfliktregulation (präventive Verhinderung von Konflikten, Bearbeitung bestehender Konflikte),
- der Motivations- und Vertrauensaufbau (z. B. Stärkung von gemeinschaftlicher Zuversicht, Stärkung des Gruppenzusammenhalts) und
- die Affektsteuerung (z. B. Unterstützung beim Umgang mit Frustration, Arbeitsbelastung).

Darüber hinaus werden von den Autoren *Übergangsprozesse* benannt. Damit beschreiben sie Prozesse im Kontext der Transformation, das heißt eine Neubildung eines Teams, die Neuausrichtung auf veränderte Arbeitsschwerpunkte oder die Überprüfung der bisherigen Teamaktivitäten zwecks verbesserter Planung. Dazu gehören

- die Zielfindung und -spezifizierung,
- die Arbeitsplanung und Aufgabenverteilung und
- die Strategiefindung und Ressourcenmanagement (vgl. ebd.).

Analytisch hilfreich erscheint mir diese Unterscheidung der genannten Prozessebenen, da sie ermöglicht, die Aufgabenerledigung, die Entwicklung der Beziehungen im Team und die zu bewältigenden Herausforderungen als getrennte Ebenen der Intervention zu betrachten. Dies ist für die Ursachenforschung, beispielsweise bei fehlender Effizienz, Motivationsproblemen und Konflikten im Team, zweckmäßig.

Zur Beschreibung der Entwicklung von *sozioemotionalen Gruppenprozessen* wird häufig auf das von Tuckman (1965) formulierte Phasenmodell Bezug genommen. So wendet Vergnaud (2004) die Phasen von Tuckman auf die Teamarbeit in der Altenpflege an, Francis und Young (2006, 161) nutzen das Modell zur Entwicklung ihrer Teamentwicklungsuhr und

Hofert und Visbal (2021, 81) dient es für die Konzeption ihres Teamtrainings.

> **Entwicklungsphasen von Gruppenprozessen**
>
> Das von Tuckman (1965) entwickelte Modell beschreibt folgende Entwicklungsphasen:
>
> 1. *Forming* – Orientierungsphase
>   - Kontaktaufnahme
>   - Unsicherheit im Umgang miteinander
>   - ausgeprägte Orientierung an der Leitung
>   - Aufgabenformulierung und Klärung des organisatorischen Rahmens
> 2. *Storming* – Klärungsphase
>   - häufiger Rollenwechsel
>   - mögliche Konflikte um Aufgabenverteilung (Rivalität)
>   - Bildung von Untergruppen
>   - Infragestellung der Leitung
>   - Klärung der Rollen- und Rangordnung sowie der Aufgabenverteilung
> 3. *Norming* – Etablierungsphase
>   - Aushandlung der Normen und Werte der Gruppe
>   - Rangordnung ist etabliert
>   - gegenseitige Akzeptanz
>   - Aufgaben und Rollen sind geklärt
> 4. *Performing* – Aufgabenausführung/Arbeitsprozess
>   - Teamstruktur ist funktional zur Aufgabenstruktur
>   - Team ist leistungsfähig und produktiv
>   - Verhandeln des »Wie« der Arbeitsmethoden

In einem späteren Beitrag wird das beschriebene Phasenmodell durch eine fünfte Phase – die Auflösungsphase – ergänzt (*adjorning*; Tuckman & Jensen 1977). Am Ende eines Teamprozesses, beispielsweise in einem Projektteam zur Entwicklung eines neuen Einrichtungskonzepts, geht es um die Bilanzierung des Arbeitsprozesses, der -ergebnisse, des Gruppenprozesses und der Lernerfahrungen der Teammitglieder.

König und Schattenhofer (2006, 61 f.) kritisieren an diesem Modell den Mangel an empirischen Belegen für die Abfolge der Phasen. Insbesondere helfe das Modell nicht, wenn es um die Erklärung des Einzelfalls geht. Die unterstellte Berechenbarkeit der Gruppenentwicklung sehen die Autoren in der Praxis nicht. Zu wenig seien in diesem Modell die individuellen, die interaktiven und die Organisationseinflüsse (z. B. geänderte Zeit-, Ressourcen- und Zielvorgaben) während der Aufgabenerledigung berücksichtigt.

Für die Innovation in Teams kommt der Lernfähigkeit der Teammitglieder und des gesamten Teams eine besondere Bedeutung zu. Hier geht es um die Fähigkeit, sich auf neue Anforderungen einzustellen, sich neue Technologien (z. B. Beratungs- und Trainingsmethoden) anzueignen, in die Teamabläufe zu integrieren bzw. diese darauf anzupassen. Busch und von der Oelsnitz (2018, 174 f.) rechnen zu den Kernelementen des Teamlernens die Situations- und Umweltwahrnehmung, die Informationsverarbeitung und transaktionales Wissen (Wissen um die Beziehungsstruktur im Team), Reflexions- und Feedbackprozesse, den Umgang mit Fehlern und die Problembearbeitung, das Experimentieren und das Überschreiten von Grenzen, die Lernkultur und die Lernausrichtung. In diesem Kontext kommt der *Reflexivität* eine entscheidende Bedeutung zu.

Reflexivität

Van Dick und West (2013, 47) definieren Reflexivität als

> »das Ausmaß, in dem die Gruppenmitglieder offen über die Ziele, Strategien und Prozesse des Teams nachdenken und versuchen, diese den aktuellen und antizipierten Veränderungen innerhalb und außerhalb des Teams anzupassen«.

Die Reflexivität braucht einen Ort, Zeit und einen festen Platz in den Teamprozessen. Es ist dafür auch notwendig, dass Teammitglieder Glaubenssätze und Überzeugungen im Selbstverständnis des Teams infrage stellen dürfen. Insbesondere geht es hierbei darum, dem Effekt des Gruppendenkens (▶ Kap.2.3) entgegenzuwirken, da dies abweichende

Meinungen eher diskriminiert und ausgrenzt. Für Innovationen und Reflexivität sind Offenheit und Mut notwendig dafür, »über den Tellerrand« der gepflegten Überzeugungen im Selbstverständnis des Teams hinauszudenken.
Von besonderer Bedeutung ist die Reflexivität in Gruppen, die komplexe Entscheidungen treffen oder innovative Arbeitsaufträge auszuführen haben (z. b. Forschungs- und Entwicklungsaufgaben). In sozialen Einrichtungen betrifft dies beispielsweise Leitungsteams, therapeutisch oder im Krisenmanagement eingebundene Teams (z. B. Psychiatrie, Sozialpsychiatrischer Dienst).

Reflexionsfragen [?]

(Zeitbedarf: einzeln ca. 20 Min., gegebenenfalls anschließend in der Kleingruppe ca. 20 Min.; ideal im Seminarkontext, aber auch als Einzelreflexion bzw. im Austausch mit Mitstudierenden sinnvoll)

Für die persönliche Weiterentwicklung ist die Frage nach lernfördernden Faktoren in Studium, Beruf und Freizeit relevant. Hierbei sind die folgenden Reflexionsfragen hilfreich, die zunächst individuell beantwortet und anschließend in der Gruppen reflektiert werden können.

- Wann lerne ich am besten? Gibt es besondere Tageszeiten dafür?
- Welche Umgebungsbedingungen brauche ich, um optimal zu lernen?
- Wie unterstützen mich andere Menschen dabei?
- Wie lerne ich aus beruflichen Erfahrungen und Rückmeldung von Kolleg*innen oder Mitstudierenden?
- Wie muss eine Rückmeldung gestaltet sein, damit ich diese annehmen und daraus für mich konstruktiv lernen kann?

2.2 Modelle zur Systematisierung von Teamrollen

Wenn ich an einer Teambesprechung teilnehme, erlebe ich sehr unterschiedliches Verhalten: Es gibt zum Beispiel Personen, die sich viel beteiligen, solche, die schweigsam sind, und wieder andere, die häufig kritische Beiträge einbringen. Wie lassen sich diese Unterschiede erklären?

Eine mögliche Erklärung liefern die unterschiedlichen Persönlichkeitsmerkmale der Teammitglieder. Personen mit starker Leistungsorientierung werden sich bei einem Sachthema, bei dem sie sich kompetent fühlen, mehr einbringen als Personen, die hinsichtlich ihrer Kompetenz eher unsicher sind, oder Personen, die ein geringes Dominanzstreben haben.

Eine andere Ursache können die formal zugewiesenen Gruppenrollen sein (z. B. Teamleitung, Spezialist*in). Entsprechend dem eigenen Rollenverständnis bringt sich die Teamleitung in eine Teambesprechung intensiver ein. Oder beides stimmt überein, das heißt, die formalen Rollen und die von den Personen mitgebrachten Persönlichkeitsmerkmale finden sich in Deckung. In der Vielfalt der Persönlichkeiten und Gruppenrollen liegt das Potenzial von Teams, häufig stellen diese Unterschiede jedoch auch ein Konfliktpotenzial dar. So könnte von Teammitgliedern im Sinne von Gleichheits- bzw. Homogenitätsansprüchen erwartet werden, dass keine Person den Teamdialog dominiert.

In der Gruppenpädagogik und der Sozial- und der Arbeitspsychologie finden sich verschiedene Systematisierungen von Gruppenrollen (Jonas, Stroebe & Hewstone 2007; Nerdinger 2019b, 122).

Gruppenrollen

Gruppenrollen lassen sich definieren als

- ein Bündel von Verhaltensweisen einer Person, wahrgenommen durch andere Gruppenmitglieder,

- eine Selbstbeschreibung einer Person hinsichtlich der sie charakterisierenden Verhaltensweisen,
- und/oder die Erwartungen von anderen an eine Person hinsichtlich des Verhaltens sowie der Merkmale dieser Person.

In der Arbeitspsychologie wird zwischen drei menschlichen Grundmotiven unterschieden: dem *Leistungsmotiv* (Wunsch nach Erfolg und Selbstbestätigung), dem *Machtmotiv* (Einfluss nehmen, Durchsetzen eigener Ziele und Interessen) und dem *Anschlussmotiv* (Wunsch Teil der Gemeinschaft zu sein, beliebt zu sein) (Weinert 2004, 187). Für die Entwicklung der eigenen Teamrolle sind nach Driskell et al. (2017, 488) insbesondere die Ausprägung des Dominanzstrebens (zurückhaltend, ausführend vs. kontrollierend, Verantwortung übernehmend), die Aufgabenorientierung (nachlässig, wenig Eigeninitiative zeigend vs. leistungsorientiert, planvoll vorgehend) und die soziale Orientierung (freundlich, gesellig vs. verschlossen, distanziert) bei der Person bedeutsam.

In der Literatur finden sich verschiedene Systematisierungen von Gruppenrollen, beeinflusst von der professionellen Prägung und der Theorieschule der Autor*innen. Von der formalen institutionellen Struktur ausgehend lassen sich Rollen anhand von Macht und Einfluss differenzieren (*vertikale Differenzierung*; Nerdinger 2019a, 122). So wurden bereits von Lewin verschiedene Führungsstile differenziert. Auf ihn geht die Unterscheidung von autoritärer, demokratischer und Laissez-faire-Führung zurück (Wegge & Rosenstiel 2014, 335).

Neben der Unterscheidung in Führungs- und Mitarbeiter*innenrolle gibt es die *horizontale Differenzierung* verschiedener Mitarbeiter*innen, beispielsweise die Spezialist*innen- oder Expert*innenrolle.

In gruppendynamischen Konzepten findet sich darüber hinaus die Außenseiterrolle. Für die frühen psychoanalytisch orientierten Ansätze ist die Außenseiterrolle von großer Bedeutung (vgl. Schindler 1971, 27 ff.), da sie als Kontrapunkt (quasi ein Gegenpart) zur Gruppenidentität den Zusammenhalt der Gruppenmitglieder bei ihrer Abgrenzung gegenüber dem äußeren Feind bzw. dem Fremden außerhalb der Gruppe stärkt. Eine Gruppe beispielsweise, in der Harmonie und ein ausgeprägtes Wir-Gefühl dominante Werte sind, würde eine Person, die häufig Anregungen zur

2 Modelle und Effekte von Teamarbeit

Verbesserung der Arbeitsprozesse gibt und Mängel in der Zusammenarbeit offen kritisiert, auf Dauer als Außenseiter ablehnen. Schindler systematisiert die Rollen nach griechischen Buchstaben: Die Alpha-Rolle steht für die Führung (was so auch in die Alltagssprache übernommen worden ist), die Beta-Rolle für den Spezialisten, die Gamma-Rolle für das einfache Mitglied und Omega für den*die Außenseiter*in (das »schwarze Schaf«) (ebd., 24 ff.).

Eine funktionale Differenzierung nimmt Weinert (2004, 405) vor. Der Autor unterscheidet als Gruppenrollen

- *aufgabenorientierte Rollen*, die ihr Engagement auf die Lösung von Aufgaben richten (z. B. koordinieren, Vorschläge machen, anderen Mitgliedern Hilfestellung geben),
- *beziehungsorientierte Rollen*, die die Interaktion und Kommunikation im Team fördern, die Gruppensolidarität stärken, Konflikte lösen und
- *selbstorientierte Rollen*; dies betrifft Personen, die insbesondere persönliche Bedürfnisse verfolgen, Aufmerksamkeit gewinnen wollen, aber auch Gruppenmitglieder im Sinne eigener Wünsche manipulieren können.

Viel beachtet ist die Rollensystematik von Belbin (1993). Der Autor untersuchte insgesamt über 200 Teams und entwarf auf dieser Basis sein Rollenmodell. Dieses fragt danach, welche Teamrollen für eine effektive Teamarbeit in Arbeitsgruppen (z. B. sachbezogene Problemlösegruppen von Studierenden) notwendig sind. Der Autor geht davon aus, dass eine Person auf Basis ihrer Persönlichkeitsmerkmale und Motive zu einer bzw. zwei Rollen tendiert. Nach Belbin (1993) gilt es drei Orientierungen mit insgesamt neun Rollentypen zu unterscheiden, die sich aus den Persönlichkeitsmerkmalen und der Aufgabenstellung ableiten (▶ Tab. 2):

- handlungsorientierte Rollen: Macher (shaper), Umsetzer (implementer), Perfektionist (completer)
- kommunikationsorientierte Rollen: Wegbereiter/Weichensteller (ressource investigator), Koordinator/Integrator (coordinator), Teamarbeiter/Mitspieler (teamworker)

- wissensorientierte Rollen: Neuerer/Erfinder (plant), Beobachter (monitor/evaluator), Spezialist (specialist)

In einem idealen Team sollten alle dieser neun Rollen besetzt sein. Die entsprechende Zusammensetzung des Teams durch Personalauswahl, Aufgabenzuordnung und Analyse der Stärken und Motive der Mitarbeitenden beschreibt Belbin als entscheidende Managementaufgabe. Für die Selbstbeschreibung der Teamrollen entwickelte er dazu ein Fragebogeninstrument.

Tab. 2: Teamrollen nach Belbin (aus Balz & Spieß 2009, 128)

Rolle/ Orientierung	Beschreibung	Stärken	Schwächen
Macher	aktiv, dynamisch, wetteifernd, führend	geht Hindernisse an, scheut keine Kontroversen	provoziert, kann Gefühle anderer verletzen
Umsetzer	entwickelt Ideen und engagiert sich für deren Umsetzung	zuverlässig, effektiv, diszipliniert	hält sich an Althergebrachtes, unflexibel
Perfektionist	strebt danach genau und sorgfältig zu sein, deckt Fehler auf	liefert pünktlich, vorsichtig, auf höchste Qualität ausgerichtet	delegiert ungern, übertrieben genau, wenig pragmatisch
Wegbereiter/ Weichensteller	aufgeschlossen, kommunikativ, unermüdlich nach Wissen suchend	begeistert, wissbegierig, stellt Kontakte her	vernachlässigt Kundeninteressen, verliert Interesse nach anfänglicher Begeisterung
Koordinator/ Integrator	treibt Entscheidungsfindung voran, sorgt dafür, dass Ziele im Auge behalten werden, erkennt Talente	vertrauensvoll, erklärt Ziele, fördert Entscheidungsprozesse im Team, gute*r Führer*in	nicht besonders kreativ und ideenreich

2 Modelle und Effekte von Teamarbeit

Tab. 2: Teamrollen nach Belbin (aus Balz & Spieß 2009, 128) – Fortsetzung

Rolle/ Orientierung	Beschreibung	Stärken	Schwächen
Teamarbeiter/ Mitspieler	freundlich, zuhörend, einsichtig, fördert Umsetzungsprozesse	Streitschlichter, diplomatisch, flexibel einsetzbar, hält das Team zusammen	will es allen recht machen, vermeidet Konfrontationen
Neuerer/ Erfinder	findet ungewöhnliche Lösungen, kreativ, fantasievoll	stellt Althergebrachtes infrage, findet auch bei schwierigen Problemen Lösungen	weniger an Umsetzung als an neuen Ideen interessiert
Beobachter	ruhig, hat einen analytischen Blick, scharfsinnig verschiedene Möglichkeiten sehend	kann distanziert und nüchtern beurteilen, strategisch denkend	wirkt manchmal zynisch, kann andere schlecht begeistern
Spezialist	auf Fachfragen orientiert und daran interessiert, liefert Informationen	trägt mit wichtigem Wissen zum Teamprozess bzw. -ergebnis bei, zielstrebig	Einzelkämpfer, zu enger Blick auf Details, zu sehr auf eigene Sicht zentriert

Die Systematisierung von Teamrollen hilft dabei, sich die Relevanz der verschiedenen Beiträge von Teammitgliedern und die Bedeutung der Unterschiedlichkeit der mitwirkenden Personen als Gewinn für die Gesamtleistung zu vergegenwärtigen (entsprechend einer Ziel-Mittel-Relation). Auch deuten die Rollen auf die verschiedenen Prozessanforderungen je nach Art der Aufgabenstellung, der Zielsetzung, der Arbeitsinhalte und dem Stand im Arbeitsprozess des jeweiligen Teams hin. Insofern verbiete es sich, Teamrollen nach gut oder schlecht, wirkungsvoll oder nutzlos zu unterteilen. Bedeutsamer ist es danach zu fragen, in welcher Phase der Teamarbeit welche Beiträge zum Weiterkommen besonders wichtig sind und wer diese Beiträge vor dem Hintergrund seiner Persönlichkeit, seiner Kompetenzen und seiner Motivation einbringen kann.

Van Dick und West (2013, 30) fassen die Kritik an dem Ansatz von Belbin und seinen Annahmen zusammen. So wird in der Literatur infrage gestellt, ob in jedem Team alle neun Rollen vertreten sein müssen. Auch findet sich Kritik an den von Belbin entwickelten Fragebögen und den darin eher vagen und subjektiv formulierten Rollenpräferenzen.

Bei der Gestaltung von Teamarbeit kommt der Rolle der Teamleitung eine besondere Bedeutung zu. Dies gilt sowohl für die Gestaltung und Sicherung der Rahmenbedingungen der Teamarbeit, die Teamkultur (z. B. Partizipation der Teammitglieder, Wertschätzung, Innovationsfreudigkeit), die Aufgabenverteilung als auch für die Regulation der beruflichen Belastungen (▶ Kap. 4.2). Hat die Teamleitung den Anspruch sich inhaltlich in allen Teilbereichen des Teams auszukennen, so besteht schnell die Gefahr einer Überforderung. Eine passendere Annäherung bietet hier die Metapher eine*r Dirigent*in.

Das Rollenkonzept findet in der neueren Teamforschung weniger Beachtung, da Personen je nach Kontext, Prozessstand und den jeweiligen Anforderungen verschiedene Rollenanforderungen zu erfüllen haben. Es zeigt sich jedoch, dass die Persönlichkeitsmerkmale im Erwachsenenalter weniger dynamisch formbar sind und sich insofern bei Personen quasi »Lieblingsrollen« in Abhängigkeit von Temperament, Persönlichkeitsmerkmalen, beruflichen Kompetenzen und persönlichen Werten ausprägen.

Im folgenden Kasten ist eine Gruppenaufgabe für ein studentisches Projektteam gestellt. In der Auswertung des Arbeitsprozesses kann dann für jede Person in der Arbeitsgruppe die Frage gestellt werden, mit welcher der Teamrollen nach Belbin das Arbeitsverhalten am ehesten übereinstimmt.

Reflexionsaufgabe im Seminarkontext: Team zu verkaufen [?]

(Zeitbedarf: 120–150 Min.; Materialien: Flipchart-Bögen und Stifte; Gesamtgruppengröße 4–20 Personen; orientiert an Francis und Young 2006, 177 f.)

Bilden Sie Kleingruppen von vier bis sechs Personen.

Stellen Sie sich vor, Ihre soziale Organisation, in der Sie bisher gearbeitet haben (z. B. als Praktikant*in, Honorarkraft), muss aufgrund von wirtschaftlichen Schwierigkeiten Mitarbeiter*innen entlassen. Sie treffen sich mit anderen Mitarbeiter*innen, die ebenfalls von der Entlassung bedroht sind, in einem Meeting und haben folgende gemeinsame Aufgabe:

1. Analysieren Sie gemeinschaftlich Ihre jeweiligen individuellen Stärken und besonderen Kompetenzen (ca. 20 Min.).
2. Entwickeln Sie auf der Basis dieser Ressourcen ein Konzept für eine soziale Dienstleistung, die Sie in einer neuen Organisation anbieten können/möchten. Ihr Konzept soll die Dienstleistung beschreiben, die Adressat*innen, die Vermarkungsstrategien, die besonderen Herausforderungen auf dem Weg der Vermarktung und die Kompetenzen, die Sie in Ihrer Gruppe wenig vertreten haben und die Sie deshalb »hinzukaufen« wollen (ca. 30 Min.)
3. Bereiten Sie eine Kurzpräsentation für die anderen Seminarteilnehmer*innen vor und teilen Sie die Beiträge dazu unter sich auf (ca. 20 Min.).
4. Präsentation der Kleingruppen im Plenum (pro Kleingruppe ca. 10 Min)
5. Abschlussreflexion der Kleingruppe nach der Präsentation (ca. 30 Min.). Jedes Mitglied der Arbeitsgruppe nimmt zu folgenden Fragen Stellung:
   - Wie habe ich mich in den Gruppenprozess eingebracht?
   - Welche Beiträge von mir waren mir besonders wichtig?
   - Wann habe ich mich besonders engagiert?
   - Welche Teamrolle/n passen zu meinen Beiträgen?
6. Feedback zur Teamrolle von den anderen Kleingruppenteilnehmer*innen (ca. 20 Min.)

2.3 Prozessgewinne und -verluste

Zur Beantwortung der Frage, ob Teamarbeit eher Vorteile oder eher Nachteile (im Vergleich zur Einzelarbeit) mit sich bringt, gilt es die Erkenntnisse zu Prozessgewinnen und -verlusten in Arbeitsgruppen einzubeziehen (Schultz-Hardt, Hertel & Brodbeck 2007, 698 ff.). Dieses Wissen ist nützlich für Gestaltungsfragen von Teamarbeit (z. B. Bestimmung der Teamgröße, Gesprächsgestaltung in Teambesprechungen, Feedback an Teammitglieder, Umgang mit Leistungsunterschieden). Die in der Forschung untersuchten Prozesse richten sich auf motivationale Faktoren, die Ausführung der Arbeitsprozesse und deren Koordination mit anderen Mitarbeitenden.

Als *leistungssteigernde* Prozessgewinne sind folgende empirisch belegt:

- der *soziale Wettbewerb:* Gruppenmitglieder (z. B. Berufseinsteiger*innen) können sich motiviert fühlen, einem leistungsstärkeren Gruppenmitglied nachzueifern.
- die *soziale Kompensation:* Leistungsstärkere Teammitglieder sind ermutigt, die Leistungsdefizite weniger kompetenter Teammitglieder auszugleichen. Solche Effekte der sozialen Kompensation lassen sich insbesondere bei Wettbewerben zwischen mehreren Gruppen beobachten.
- der *emotionale Entlastungseffekt:* Aufgrund der hohen körperlichen und psychischen Belastung (z. B. durch Personalmangel, hohe Verantwortung, großen Entscheidungsdruck) kommen Teammitglieder an ihre psychischen und physischen Grenzen. Durch den kollegialen Austausch und emotionalen Beistand von Kolleg*innen wird das Stresserleben gemildert (Busch & von der Oelsnitz 2018, 152 f.)
- der »*Klavierträger-Effekt*«: Diese Metapher findet sich bei Balz und Spieß (2009, 114) und wurde in Analogie zum abgestimmten Gruppenhandeln von Möbeltransporteur*innen gewählt. Durch das gemeinschaftliche Tun werden die physischen und psychischen Möglichkeiten des Einzelnen erweitert (z. B. im stationären Setting).
- *Wissensvielfalt und Breite der beruflichen Erfahrungen:* Durch die Vielfalt des fachlichen Wissens der Mitarbeiter*innen kann vor allem in multiprofessionellen Teams mit unterschiedlichen Berufserfahrungen, bei-

spielsweise in der Supervision, eine große Perspektivenvielfalt erreicht werden (Belardi 2020).

Eine wahrgenommene hohe Übereinstimmung im Team drücken die Mitglieder aus, indem sie sagen »Wir verstehen uns ohne Worte« oder »Wir verstehen uns blind«. Insbesondere in Krisen und unter hohem Entscheidungsdruck sind gemeinsame Wissens- und Wertegrundlagen sowie Erfahrung in der Zusammenarbeit im Team wichtige Voraussetzungen dafür, schnelle und reibungslose Handlungs- und Entscheidungsabläufe zu gewährleisten. So könnten – beispielsweise bei einem konflikthaften Familiengespräch – vorausgegangene Abstimmungsprozesse zwischen den Fachkräften die Klarheit in der Haltung und die Handlungssicherheit in der Interaktion erhöhen.

Den Gewinnen von Teamarbeit stehen mögliche *Verluste bzw. Erschwernisse* (verglichen mit der Einzelarbeit) gegenüber. Nerdinger (2019a, 125 ff.) zählt dazu:

- *Koordinationsaufwand:* Zu Prozessverlusten kommt es, wenn der Koordinationsaufwand zur Abstimmung der Leistungserbringung (z. B. in den Teambesprechungen) den Mehrertrag der Teamleistung verglichen mit der Addition der möglichen Einzelleistungen der Gruppenteilnehmer*innen übersteigt.
- *Produktionsblockierung:* wenn beispielsweise beim Brainstorming über ein Thema alle Gruppenmitglieder einem Gruppenmitglied zuhören müssen und in dieser Zeit keine eigenen Ideen entwickeln können. Unter dem Gesichtspunkt der Maximierung der Ideen zu einem Thema ist Brainstorming entgegen der Alltagsmeinung kein effektives Verfahren (Schultz-Hardt, Hertel & Brodbeck 2007).
- der *Ringelmann-Effekt* (»soziales Faulenzen«): Gruppenmitglieder verringern ihre Leistung, wenn sie sehen, dass andere diese für sie mit erbringen, wenn der Beitrag des*der Einzelnen als solcher nicht erkennbar ist und der eigene Beitrag für das Erreichen des Ziels nicht notwendig ist. Maximilien Ringelmann (1913) hat diesen Effekt erstmalig in Abhängigkeit zur Gruppengröße beschrieben.
- der *Gimpel-Effekt:* Wenn Personen beobachten, dass andere Teammitglieder weniger leisten, als sie könnten, kann beobachtet werden, dass

2.3 Prozessgewinne und -verluste

auch die andere Person die Arbeitsleistung reduziert, frei nach dem Motto »nicht der Dumme sein« zu wollen und nicht als freimütige*r Gebende*r ausgenutzt zu werden (Busch & von der Oelsnitz 2018, 156).

- das *Gruppendenken* (groupthink): In länger bestehenden Gruppen mit einem starken Wir-Gefühl ist zu beobachten, dass sich die Mitglieder um eine Einmütigkeit und gemeinschaftliches Denken bemühen (Nerdinger 2019a, 126 f.). Dies verstärkt häufig den Uniformitätsdruck in der Gruppe, führt zu Selbstüberschätzung der Gruppe und zu Engstirnigkeit (geringe Toleranz gegenüber alternativen Lösungen).
- *Konformität:* Bei Gruppen, die über eine relativ lange Zeit bestehen, ist ein Rückgang der Streuung bzw. der Vielfalt der interindividuell beobachtbaren Verhaltensweisen zu finden. So können Entscheidungen unter der Bedingung starker Konformität dazu führen, dass die ursprüngliche Entscheidungstendenz in einer Gruppe verstärkt wird, sie risikofreudiger oder sicherheitsorientierter entscheidet, als es die einzelnen Gruppenmitglieder allein tun würden. Diesen Effekt nennt man *Risikoschub* (risk shift).

Nachdem mögliche generelle Effekte von Gruppenarbeit beschrieben wurden, soll im Folgenden die Frage fokussiert werden, wie in psychosozialen Teams die wechselseitige Unterstützung durch konkretes Handeln gestärkt werden kann. Gegenseitige Unterstützung findet sich dann, wenn

- Teammitglieder Wissen bereitwillig teilen,
- sie anderen ihre Arbeit zeigen und neuen Kolleg*innen bereitwillig Kompetenzen vermitteln,
- die Arbeitsbelastung im Team ausgeglichen ist bzw. bei Ungleichgewicht Mithilfe angeboten wird,
- im Team konstruktive Rückmeldung und emotionaler Zuspruch gegeben wird.

Busch (2011, 339) bündelt dies im Begriff der *Serviceorientierung* als förderliche Haltung in der Teamarbeit. Serviceorientierung verbindet der Autor mit der Ausrichtung der Teammitglieder daran, einander zu Diensten zu sein, Erwartungen der anderen wahrzunehmen und diese bei Entscheidungen und im persönlichen Verhalten zu berücksichtigen. Insbesondere die Präferenz der Teammitglieder für eine qualitativ hochwertige Leistung, für eine helfende Haltung anderen Mitgliedern gegenüber sowie eine gewissenhafte, im Kontakt verträgliche Art und eine emotional stabile Grundhaltung gehören zur Serviceorientierung (vgl. auch Busch & von der Oelsnitz 2018, 152 ff.).

> **Reflexionsfragen: Meine Studienerfahrungen**
>
> (Zeitbedarf: einzeln ca. 20 Min., für den Kleingruppenaustausch ca. 45 Min.)
>
> Reflektieren Sie über Ihre Gruppenerfahrungen im Studium. Neben der Einzelarbeit ist dafür die Reflexion mit Mitstudierenden in Kleingruppen (vier bis fünf Personen) hilfreich.
>
> - In welchen (Arbeits-)Gruppen haben Sie im Studium mitgewirkt? Wie produktiv waren diese Arbeitsgruppen auf einer Skala von 0 (= völlig unproduktiv) bis 10 (= hochproduktiv)?
> - Welche Faktoren waren dabei produktivitätssteigernd, welche -mindernd?
> - Was könnten Sie tun, um die Produktivität in zukünftigen Arbeitsgruppen zu steigern?
> - Welche strukturellen Gesichtspunkte (z. B. Ort, Zeit, Materialien, Gruppengröße), welche interaktionellen Faktoren (z. B. Gesprächsgestaltung, Rollenaufteilung) und welche individuellen Faktoren (z. B. Vorbereitung, Lernmotivation) sind aus Ihrer Erfahrung dafür relevant?
>
> Für die Reflexion in Kleingruppen:
>
> - Tauschen Sie Ihre Erfahrungen aus und formulieren Sie für Ihre Arbeitsgruppenerfahrungen Hypothesen darüber, was die Ursachen für die vergleichsweise hohe bzw. niedrige Produktivität waren.

- Werten Sie abschließend die Reflexionsaufgabe für sich bzw. in der Kleingruppe aus.

Auf den Punkt gebracht

Teams sind im Spannungsfeld zwischen *Individuum, Gruppe und Organisation* zu verstehen. Nur wenn sowohl die persönlichen Interessen, Wünsche und Kompetenzen, die Gruppenprozesse mit ihren Gesetzmäßigkeiten, ihrer Eigendynamik, ihren Zufällen, die Aufträge, Erwartungen und Ressourcen sowie die Begrenzung der Gesamtorganisation für die Teamarbeit in die Betrachtung integriert werden, lässt sich Teamarbeit angemessen verstehen.

Teamarbeit entspricht im sozialen Bereich der sozialen Orientierung (soziales Anschlussmotiv) der meisten Mitarbeitenden. Sie erbringt Austausch, Perspektivenvielfalt, Motivation und soziale Unterstützung.

Allerdings kostet Teamarbeit auch Koordinationszeit, erfordert Abstimmung zwischen den Kolleg*innen und kontinuierliche Pflege. Zudem muss die Balance zwischen der im sozialen Bereich häufig gegebenen Einzelverantwortlichkeit für einen Fall bzw. ein Klient*innensystem und der im Team gegebenen »Schwarmintelligenz« und ihrer Aktivierung zur Verbesserung der Klientenarbeit planvoll ausgelotet werden.

Weiterführende Literatur

Busch, Michael W. & Oelsnitz, Dieter v. d. (2018): Teammanagement. Grundlagen erfolgreichen Zusammenarbeitens. Stuttgart: Kohlhammer.
Belbin, Meredith R. (2010): Management teams: Why they succeed or fail (3. Aufl.). Oxford: Butterworth Heinemann.
Jonas, Klaus, Stroebe, Wolfgang & Hewstone, Miles (2007): Sozialpsychologie (5. Aufl.). Heidelberg: Springer.

3 Herausforderungen und Spannungsfelder in der psychosozialen Teamarbeit

> **Überblick**
>
> Dieses Kapitel beschreibt die Besonderheiten der Erzeugung sozialer Dienstleistungen, der Emotionsregulation bei den Mitarbeitenden, der Haltung im Hilfeprozess und der Multiprofessionalität in ihrer Bedeutung für die Teamarbeit. Abschließend interessiert in diesem Kapitel der Umgang mit Konflikten in der Teamarbeit.

3.1 Die Erzeugung sozialer Dienstleistungen

Der Prozess sozialer Dienstleistungsproduktion ist gekennzeichnet durch die Co-Produzenten-Beziehung, das Uno-actu-Prinzip und die Immaterialität der Dienstleistung (von Spiegel 2018, 33 ff.). Diese Merkmale erzeugen jeweils besondere Herausforderungen für das professionelle Handeln der Mitarbeitenden und die Teamarbeit.

Die These von der *Co-Produzenten-Beziehung* besagt, dass bei sozialen Dienstleistungen das Mitwirken der Dienstleistungsempfänger*innen eine unerlässliche Voraussetzung für den Erfolg der Dienstleistung ist (ebd., 62 ff.). Die Arbeitsziele müssen in der Interaktion mit den Klient*innen und unter Bezug auf deren Bedürfnisse, Interessen und Wünsche abgeleitet und handlungsorientiert konkretisiert und verhandelt werden. Nur wenn die Klient*innen sich beispielsweise im Erstgespräch auskunftsbereit und kooperativ verhalten, wird eine adäquate soziale Diagnose des Hilfebedarfs möglich sein. Auch ist es im Hilfeprozess notwendig, dass die Klient*innen den Helfer*innen einen Vertrauensvorschuss geben und in diesem Sinne die Anregungen und Handlungsempfehlungen für sich prüfen bzw. in ihr Alltagshandeln integrieren. Dies begrenzt auch die Standardisierbarkeit des Produkts der sozialen Dienstleistung. Sie ist damit nur eingeschränkt austauschbar.

Den Handlungsprozess charakterisiert daneben das *Uno-actu-Prinzip* (Nerdinger 2019c, 630), das heißt, dass die Erzeugung und der Verbrauch der sozialen Dienstleistung gleichzeitig stattfindet. Auf der Seite der Fachkräfte entsteht so eine zeitliche Verdichtung, da die Informationssuche (z. B. durch Verhaltensbeobachtung), das Handeln und die Reflexion des Dienstleistungsprozesses (z. B. im Beratungsgespräch, in der Spielsituation) zeitgleich erfolgen. Von den Mitarbeiter*innen wird erwartet, dass sie die Situation informationell erfassen, fachlich einordnen, das eigene Verhalten in seiner Wirkung wahrnehmen und fachlich fundierte Entscheidungen dazu treffen. Dies setzt neben der Reflexionsfähigkeit eine erhöhte psychische Belastbarkeit der Fachkräfte voraus (Heiner 2022, 160 ff.).

Die *Immaterialität* sozialer Dienstleistungen, dass also ein physisch messbares Produkt fehlt, verunmöglicht eine Bevorratung und Lagerung des Produkts. Auch ist die Messung der Qualität der Dienstleistung dadurch erschwert, dass sich keine physischen Aspekte der Wirkung der sozialen Dienstleistung ableiten lassen (ausgenommen die physische Gesundheit und Symptomlinderung bei körperlichen Begleiterscheinungen). Hier lassen sich lediglich »weiche« Kriterien wie die Zufriedenheit der Dienstleistungsnutzer*innen und ihres sozialen Netzwerkes (z. B. Familien, Freunde) und der Entwicklungsfortschritt – eingeschätzt von anderen pädagogischen Fachkräften – heranziehen.

Um auf die Besonderheiten der Klient*innen eingehen zu können, braucht die Fachkraft einen autonomen Handlungs- und Entscheidungsspielraum und eine Fokussierung auf die Unterstützungsbeziehung. Diese *Exklusivität und Abgeschlossenheit der Unterstützungsbeziehung* begrenzt zumeist die Transparenz und nährt andererseits unter Umständen eine illusionäre Allzuständigkeit der Fachkraft (Galuske 2013, 35 ff.). In dieser Konstellation kann das Team mit seinen Arbeitsprinzipien und -entscheidungen als Begrenzung bzw. Faktor der Reglementierung der Handlungs- und Entscheidungsautonomie im Unterstützungsprozess empfunden werden. Wo sich der Einzelne grundsätzlich Unterstützung durch das Team wünscht, fühlt er bzw. sie sich möglicherweise eher durch das Team infrage gestellt.

Die angesprochene Intransparenz und Exklusivität des Unterstützungsprozesses finden sich insbesondere in der ambulanten Einzelfallarbeit. Im stationären Setting sind demgegenüber größere Teile der Betreuung für andere Mitarbeiter*innen sichtbar. So ergeben sich dort auch deutlich mehr dem Arbeitsablauf inhärente Chancen für wechselseitiges Feedback und die Überprüfung der Umsetzung von Entscheidungen.

In der Teamkooperation liegt ein Entlastungspotenzial, beispielsweise durch die Übernahme von Teilaufgaben durch andere Kolleg*innen und einen Kontext zur Reflexion von Klient*innenkontakten (▶ Kap. 5.3 zur Methode der kollegialen Fallberatung). Beides ist jedoch auf eine konstruktive Teamkooperation angewiesen und setzt die Fähigkeit zur Distanzierung von der eigenen Berufsrolle und den institutionellen Aufträgen sowie die Integration der Klient*innenperspektive voraus. Heiner (2022, 169 ff.) sieht hier in einem ganzheitlichen und mehrperspektivischen Deutungsansatz die Basis für professionelle Soziale Arbeit.

3.2 Die Emotionsregulation im Hilfeprozess

Psychosoziale Unterstützung erfolgt häufig als Emotionsarbeit in prekären Lebenslagen und emotionalen Krisensituationen. Im Hilfeprozess übernehmen die Mitarbeiter*innen dann die Funktion der emotionalen Entlastung der Klient*innen (Container-Funktion). Daneben wird häufig eine Veränderung der emotionalen Befindlichkeit, der Wahrnehmung bzw. des Denkens über das ursprüngliche Problem angestrebt. Gefühle sind in diesem Sinne sowohl Arbeitsgegenstand (z. B. emotionale Regulation von Trauer) als auch Arbeitsmittel (z. B. Ermutigung der Klient*innen zur Verhaltensänderung) und die Sozialarbeiter*innen lassen sich (metaphorisch) als Werkzeuge in diesem Prozess beschreiben (Balz & Spieß 2009, 55 ff.). Der Kontrollbereich der Mitarbeiter*innen ist jedoch auf den eigenen emotionalen Zustand begrenzt. Die bei den Klient*innen angestrebten verbesserten bzw. veränderten Gefühlszustände (Zielzustand) sind durch die Mitarbeiter*innen nicht (willkürlich) herstellbar und erfordern von ihnen das Aushalten von ungeklärten und offenen sozialen Situationen (Ambiguitätstoleranz; s. dazu Kauffeld 2014, 185).

> **Emotionsarbeit (emotional work; Hochschild 1990)**
>
> Emotionsarbeit zielt auf die Herstellung eines sichtbaren Körper- und Gesichtsausdrucks in der psychosozialen Arbeit. Die Gefühlsarbeit verlangt daher »das Zeigen oder Unterdrücken von Gefühlen, damit die äußere Haltung bewahrt bleibt, die bei anderen die erwünschte Wirkung hat« (Hochschild 1990, 30 f.). Neben der Steuerung der eigenen Gefühle durch den*die Mitarbeiter*in (emotional work) geht es um die Beeinflussung der Gefühle der Klient*innen (sentimental work). Zentrales Ziel ist die Erzeugung eines Gefühlszustandes bei den Klient*innen (Schröder 2016, 253 ff.). Emotionsarbeit im Dienstleistungsbereich (z. B. im Verkauf, bei der Beratung, in der Begleitung) stellt eine bezahlte Arbeit dar und erhält damit einen »Tauschwertcharakter«. Emotionen werden zur Ware und »das Gefühlskonto wird dabei [...] durch Geld ausgeglichen« (Hochschild 1990, 95).
>
> Das Übereinstimmen zwischen emotionalem Erleben, Gefühlsausdruck, den Gefühlsregeln der Profession bzw. Organisation und den eigenen Erwartungen an den Gefühlsausdruck ist das zentrale Kriterium für emotionale Harmonie im Unterschied zur emotionalen Dissonanz (Diskrepanz zwischen aktuellem emotionalem Erleben und dem in der konkreten Berufsausübung geforderten Gefühlsausdruck). Zur Reduktion emotionaler Dissonanz trägt unter anderem die Supervision bei (▶ Kap. 5.4).

Die beschriebenen vielfältigen Regulationsanforderungen und Grenzen der Kontrollierbarkeit der Ergebnisse sozialer Dienstleistungen führen zu beruflichen Belastungen und Stressoren. Bei Stressereignissen *(Stressoren)* handelt es sich um Umstände bzw. Faktoren, die die individuellen Möglichkeiten der Person herausfordern. Die hier eintretende Störung des physischen, psychologischen und/oder sozialen Funktionierens stellt das Person-Umwelt-Gleichgewicht infrage. »Stressoren werden als externe und interne Stimuli aufgefasst, die mit erhöhter Wahrscheinlichkeit zu Stressreaktionen in Form von psychischen Zuständen und Verhaltensweisen führen« (Schaper 2019, 575). Folgende Aspekte können Stressoren in der Arbeit darstellen:

- physische Bedingungen des Arbeitsplatzes (z. B. lange PC-Arbeitsphasen, Lärm)
- Faktoren der Arbeitsorganisation (z. B. hohe Verantwortung, Mangel an Handlungsspielraum)
- Faktoren der Arbeitsaufgabe (z. B. Überforderung, schwierige emotionale Anforderungen)
- soziale Aspekte in der fachlichen Kooperation (z. B. Konflikte, unfaire Behandlung)

Die Unterscheidung zwischen einer normalen Beanspruchung und einem Stressor ist nur schwer zu treffen. Sie hängt von persönlichen Voraussetzungen (z. B. Kompetenz, Motivation und Anspruchsniveau) und von der Konstellation der situativen Bedingungen (z. B. Arbeitsvielfalt und -dichte, Komplexität, Bezahlung) ab. Auf das Vorliegen von Stressoren weisen negative emotionale oder körperliche Symptome hin.

Stressreaktionen der Person können sich in Form von physiologischen und psychischen Symptome zeigen. Physiologische Stressreaktionen sind beispielsweise die Erhöhung der Herz- und Atemfrequenz, des Blutdrucks und die Ausschüttung von Endorphinen. Diese physiologischen Veränderungen werden unter Bezug auf evolutionstheoretische Konzepte als Kampf-oder-Flucht-Reaktion bezeichnet. Psychische Reaktionen sind insbesondere Angst, Ärger und Aggression, Apathie und Depression, Hilflosigkeit und kognitive Beeinträchtigungen: Konzentrationsmangel sowie die Beeinträchtigung der Informationsverarbeitung und der Gedächtnisleistung (Kaluza 2018, 43 ff.).

3.2 Die Emotionsregulation im Hilfeprozess

Reflexionsfragen [?]

(Zeitbedarf: einzeln ca. 15 Min., für den Kleingruppenaustausch ca. 40 Min.)

Reflektieren Sie ihre Erfahrungen bei der Unterstützung anderer Personen. Neben der Einzelarbeit ist dafür die Reflexion mit Mitstudierenden in Kleingruppen (drei bis fünf Personen) hilfreich.

- Suchen Sie sich eine Situation aus, in der Sie anderen Menschen geholfen haben und danach positive Gefühle (z. B. Stolz, Zufriedenheit) empfunden haben.
  - Was kennzeichnete die Situation?
  - Was hat den positiven Ausgang der Hilfe befördert?
  - Mit wem haben Sie hinterher darüber gesprochen?
  - Wie war die Reaktion der anderen Person(en) in diesem Gespräch?
- Suchen Sie sich eine Situation aus, in der Ihre Hilfe keinen Erfolg hatte.
  - Welche Gefühle hatten Sie danach?
  - Woran haben Sie festgemacht, dass Ihre Unterstützung nicht erfolgreich war?
  - Mit wem haben Sie darüber gesprochen?
  - Wie war die Reaktion der anderen Person(en) in diesem Gespräch?

Für die Reflexion in der Kleingruppe:

- Stellen Sie sich gegenseitig ihre beiden Hilfesituationen vor. Beginnen Sie mit der Situation, in der Sie hilfreich waren.
  - Welchen Einfluss haben andere Personen auf den Verlauf der Hilfen gehabt?
  - Was hätten Sie sich für die Auswertung der Hilfeerfahrung von anderen Personen gewünscht?
  - Wie würden Sie gern in einem zukünftigen Team darüber sprechen bzw. die Erfahrungen reflektieren?

Ob und wie Mitarbeitende psychische Belastungen erleben, hängt wesentlich von der Situationseinschätzung, den von der Person gesehenen Handlungsalternativen, deren Erfolgsaussichten und den extrapersonellen Bewältigungsmöglichkeiten (z. B. soziale Unterstützung) ab. Die Stresseinschätzung lässt sich am besten durch die wahrgenommenen persönlichen Ressourcen vorhersagen (Buchwald & Hobfoll 2013; zum Thema Burnout-Risiko s. Burisch 2014).

In der Teamarbeit kommen insofern der emotionalen Unterstützung und Entlastung eine wichtige Funktion zu. Voraussetzung für die Inanspruchnahme und die Wirksamkeit dieser ist, dass die Fachkraft die Einsicht hat, dass sie Unterstützung benötigt, diese für sie hilfreich ist und dass ein grundsätzliches Vertrauen zwischen den Teammitgliedern besteht. Insbesondere die Öffnung gegenüber der Einsicht, in einzelnen Hilfeprozessen selbst hilflos zu sein, und sich infrage zu stellen erfordert eine Kultur der wertschätzenden Kommunikation auf Basis psychologischer Sicherheit im Team (▶ Kap. 1.3). Für den Umgang mit herausfordernden Arbeitssituationen der Mitarbeiter*innen kommt dem Verhalten der Führungskräfte eine besondere Bedeutung zu. So belegen Bildat und Torka (2019) in einer Metaanalyse den Zusammenhang von Führungskompetenzen und -verhalten mit dem psychischen Belastungserleben der Mitarbeiter*innen.

3.3 Die Haltung im Hilfeprozess

Professionelles Handeln stützt sich auf Methoden der Fachdisziplin, ein institutionelles Setting, in dem die Methoden sich anwenden lassen, und eine Grundhaltung. Ein eigenes Methodeninventar (z. B. mit Einzelfallhilfe, sozialer Gruppenarbeit) trägt wesentlich zur Professionalisierung der Sozialen Arbeit bei (vgl. Galuske 2013; Noack 2024). Das Setting gibt den Helfer*innen und den Klient*innen einen sicheren Rahmen der Interaktion, in dem die Rollen und Regeln der Zusammenarbeit ausgehandelt werden können. In der professionellen Haltung bündelt sich das je individuelle Selbstverständnis des eigenen Tuns. Sie ist immer dann besonders

3.3 Die Haltung im Hilfeprozess

wichtig, wenn das berufliche Handeln in der freien Beziehungsgestaltung zu den Klient*innen besteht und jenseits von verhaltensorientierten (Trainings-)Vorgaben abläuft.

Hier gilt es im professionellen Handeln verschiedene Zieldivergenzen auszubalancieren (zum gesellschaftlichen Doppelmandat von Hilfe und Kontrolle s. von Spiegel 2018, 37f.; Bieker 2022, 40ff.). Ein weiteres Spannungsfeld besteht zwischen Barmherzigkeit (die auf maximale Unterstützung ausgerichtet ist) und Wirtschaftlichkeitserwägungen, die fiskalische Gesichtspunkte in den Mittelpunkt stellen (Heiner 2022, 74ff.).

Spannungsfelder in der unmittelbaren Klient*innenarbeit ergeben sich darüber hinaus zwischen Nähe und Distanz (zu den Klient*innen), individueller Bedürftigkeit und Verteilungsgerechtigkeit und der Defizit- und Ressourcenorientierung (von Schlippe & Schweitzer 2013, 47ff.).

Professionelle Haltung

Die professionelle Haltung im Hilfeprozess ist »unsichtbar«, aber handlungsleitend. Sie setzt sich zusammen aus dem professionellen Selbstverständnis, den persönlichen Werten, dem Menschenbild und den ethischen Grundsätzen der Profession (IFSW 2004). Die Haltung ist ein relativ stabiler Teil der helfenden Person und dient ihr beispielsweise als Orientierung in neuen, offenen und konflikthaften bzw. widersprüchlichen Interaktionssituationen. Die Haltung einzelner Teammitglieder findet sich in der Teamkommunikation in Form von spezifischen Standpunkten und im Verständnis der aktuellen Aufgabenstellung wieder. Sie verdichtet sich in der Berufsrolle bzw. der Rolle im Team.

Die theoretischen Ansätze in Beratung und Therapie heben spezifische Verhaltensbereiche hervor, die als Teil eines wirkungsvollen Helfer*innenhandelns beschrieben werden (Kriz 2007, 31). So stellt beispielsweise im personzentrierten Ansatz die Kongruenz eine Zielgröße für das professionelle Handeln dar. Mit Kongruenz ist die unmittelbare persönliche Begegnung mit der*dem Klient*in ohne »Fassade« oder Selbstverleugnung gemeint. Die Person steht zu ihren Gefühlen, ist sich dieser bewusst und kommuniziert angstfrei (ebd., 200ff.).

3 Herausforderungen und Spannungsfelder in der psychosozialen Teamarbeit

> Der systemische Ansatz ist unter anderem durch eine ethische Maxime, die auf Heinz von Förster zurückgeht, geprägt: »Handle stets so, dass du die Anzahl der Möglichkeiten [für die Klient*innen] vergrößerst« (zit. nach von Schlippe & Schweitzer 2013, 201).

Die professionelle Haltung stellt eine Herausforderung für die Teamkommunikation dar, wenn die Teammitglieder um die wirksamsten und besten Hilfestrategien ringen. Die unterschiedlichen Haltungen im Team stehen in der Gefahr individualisiert zu werden, das heißt, dass die Differenzen in der Debatte um professionelle und/oder gesellschaftliche Streitthemen sich im Ringen um »richtig oder falsch« bzw. »besser oder schlechter« zwischen einzelnen Personen wiederfinden. Nehmen Teammitglieder diesen Streit um Standpunkte zu persönlich (als ihre Herzensangelegenheit), so können sich in der kontroversen Debatte Kränkungen und Konflikte ergeben. Hier gilt es für Teams mit diesen Unterschieden verantwortungsvoll und integrierend umzugehen (▶ Kap. 3.5). Perspektivenvielfalt spielt auch bei der Zusammenarbeit in multiprofessionellen Teams eine wichtige Rolle.

3.4 Multiprofessionalität in der Teamarbeit

In vielen Branchen arbeiten verschiedene Professionen zusammen. Bei zunehmender Komplexität in den Herstellungs-, Fertigungs- und Dienstleistungsprozessen in zahlreichen Berufsfeldern – das gilt auch für die sozialen Problemlagen in der Sozialen Arbeit – gibt es keine Alternative zur multiprofessionellen Zusammenarbeit. Zu fragen ist vielmehr, wie sich die Potenziale multiprofessioneller Teams nutzen lassen und welche Herausforderungen und Gestaltungsfragen hierbei zu lösen sind (Boerner et al. 2017; Speck & Wulf 2018).

Multiprofessionalität

Multiprofessionalität ist die zielfokussierte Zusammenarbeit von Mitarbeitenden mehrerer Professionen. Sie ist in der Sozialen Arbeit schon lange als Arbeitsgrundsatz verankert, der dazu dienen soll, die Lebenslage und den Hilfebedarf der Klient*innen ganzheitlich zu erfassen (Multiperspektivität). Die unterschiedlichen Berufsgruppen bringen dabei jeweils spezifische Ausbildungen, Fachsprachen und -kulturen mit, womit sich meist ein je eigenes Selbstverständnis und eine berufliche Identität verbinden (Karic et al. 2019). Darüber hinaus haben die Personen verschiedener Professionen trotz ihrer Zusammenarbeit oft verschiedene Positionen in der Hierarchie der Organisation und unterschiedliche Beschäftigungsverhältnisse (z. B. Tarife, Arbeitsumfang, Befristung).

Interdisziplinarität stellt eine Vorstufe zur Multiprofessionalität dar und beinhaltet die Vermittlung und gemeinsame Erarbeitung von Lösungsstrategien durch verschiedene Disziplinen. Multiprofessionalität (synonym: Interprofessionalität) »bedeutet […] eine Öffnung der einzelnen Professionen für Ansätze anderer Professionen und darauf basierend die Entwicklung eines gemeinsamen, professionellen Selbstverständnisses« (Weimann-Sandig 2022, 32). Multiprofessionalität ist in einigen Feldern konzeptionell langjährig verankert (z. B. in der Erziehungsberatung, in der Kinder- und Jugendhilfe), in anderen Bereichen ergibt sie sich aus veränderten Problemlagen bzw. gesellschaftlichen Entwicklungen (z. B. schulische Inklusion, Frühe Hilfen, Familienzentren) oder aus dem Mangel an qualifizierten Fachkräften.

Voraussetzung für eine gelingende Multiprofessionalität ist eine zielfokussierte Herangehensweise, das heißt eine bewusste Zusammenstellung des Teams, der Kompetenzprofile und Wissensbestände der Mitarbeitenden unter dem Gesichtspunkt der Erfüllung des Aufgabenziels. Dies erfordert den offenen Dialog über die beruflichen Handlungsstrategien und zentrale Prozesse, die zur Zielerreichung beitragen. Hier ist es notwendig, Differenzen des Wissens, der Grundlagentheorien und der beruflichen Haltungen als ein gemeinschaftliches, den anderen

3 Herausforderungen und Spannungsfelder in der psychosozialen Teamarbeit

Standpunkt anerkennendes und kommunikatives Verständigen zu sehen.

Für den Bereich der Kindergärten wurde in Baden-Württemberg die Arbeit in multiprofessionellen Teams wissenschaftlich untersucht (Weltzien et al. 2016). Hier zeigte sich bei den neu eingestellten nicht einschlägig qualifizierten Fachkräften eine hohe Fluktuation, da für die Mitarbeitenden Zeitverträge und niedrigere Entlohnung wenig attraktiv sind und dadurch die Gefahr einer Hierarchisierung im Kita-Alltag verstärkt wird. Ähnlich war dies bei einschlägig hochqualifizierten Fachkräften (z. B. Diplom-Pädagog*innen, Heilpädagog*innen), die häufig eine Anstellung im Kindergarten mit beruflichen Aufstiegswünschen verbanden und bei denen sich, wenn sich dies nicht realisierte, Motivationsprobleme ergaben, wodurch sich häufig das Teamklima verschlechterte (Morar 2017).

Die Studie zeigt, dass sich bei multiprofessionellen Teams besondere Herausforderungen aus den Unterschieden im Beschäftigungsstatus, in der Entlohnung und im Qualifikationsniveau ergeben. Auch sind die Motive für die Mitarbeit in einem solchen Team von großer Bedeutung für die Stabilität, die Motivation und das Teamklima. Insbesondere ergeben sich bei der Beschäftigung von nicht einschlägig qualifizierten Personen (z. B. Quereinsteiger*innen, Aushilfskräften) ein erheblicher Qualifizierungs- und Einarbeitungsbedarf, die Notwendigkeit weiterer Reflexionsgespräche über die Fallarbeit, die Analyse der berufsbezogenen Kompetenzen und beruflichen Motive der einzelnen Mitarbeitenden zum passgenauen Arbeitseinsatz. Auch braucht es die Unterstützung der Teambildung durch fachliche Begleitung von Supervisor*innen und/oder Teamentwickler*innen.

Das Thema Multiprofessionalität in sozialen Berufen wurde bisher in den Bereichen Schule, Kinder- und Jugendhilfe, Kindertagesstätten, aber auch in der Psychiatrie, den angegliederten Sozialpsychiatrischen Diensten und der Geriatrie diskutiert. So hat beispielsweise die biprofessionelle Kooperation von Lehrkräften und sozialpädagogischen Mitarbeitenden (z. B. Sozialarbeiter*innen, Integrationshelfer*innen) durch die Inklusionsdebatte und die Öffnung der Schule für weitere Berufsgruppen wie auch Quereinsteiger*innen eine neue Aktualität erhalten (Bender &

Heinrich 2016). Hier zeigt sich die Notwendigkeit einer planvollen Strukturierung der Arbeitsabläufe und der Rollenverteilung unter Einbezug der sich stellenden Hierarchiefragen (Boerner, Hüttemann & Reinwald 2017).

Die Debatte der Teamarbeit verschieden qualifizierter Mitarbeitender gewinnt in Zeiten des Fachkräftemangels an Bedeutung (Merchel 2015b). So nimmt in zahlreichen Einrichtungen auch die Mitarbeit von ehrenamtlich Mitarbeitenden einen bedeutenden Platz bei der Bewältigung der anstehenden Aufgaben ein (z. b. Jugendgruppenarbeit, Flüchtlingshilfe). Hier sind neben den Unterschieden in der Qualifikation auch die spezifischen Motive der ehrenamtlich Mitarbeitenden zu berücksichtigen (Weber 2020). Nur darüber (und nicht über einen Arbeitsvertrag) kann eine längerfristige Mitarbeit erreicht werden. Hierfür sind dann auch zeitlich befristete und thematisch klar eingegrenzte Projektteams eine realistische Lösung (z. B. Team der Ferienfreizeit, der Kinderbetreuung). Dennoch bleiben diese Strukturen von Ehrenamtlichen-Teams immer sehr von den beteiligten Personen und dem zwischenmenschlichen Zusammenhalt innerhalb der Gruppe abhängig. Einfluss auf die Teamstabilität nehmen dabei auch biografische Übergänge bei den Ehrenamtler*innen (z. B. Schulabschluss, Studien- bzw. Ausbildungsbeginn).

Als Gestaltungsaufgabe in der multiprofessionellen Zusammenarbeit ist auch der Umgang mit Meinungsverschiedenheiten und Konflikten zu sehen (Fabel-Lamla et al. 2019). Darauf geht das folgende Kapitel ein.

3.5 Konflikte in der Teamarbeit

Ausgangspunkt eines jeden Konflikts ist die Differenz im Denken, Fühlen oder Handeln. Teamarbeit braucht Differenz, um ein Mehr an Teamleistung aus den verschiedenen Kompetenzen der Mitglieder zu erzielen (Kauffeld & Schulte 2014, 158 f.). Insofern ist der Grat zwischen einer produktiven Differenz und einer Differenz, die zum Konflikt führt, sehr schmal.

Grundlage eines Konflikts ist immer eine Differenz, aber nicht jede Differenz führt automatisch zum Konflikt. Im Konflikt besteht nach Glasl (1998, 22) eine Unvereinbarkeit von Wahrnehmung (Aufmerksamkeit, Beobachtung), Denken (Bewerten, Interpretieren) und Fühlen (Empfinden, Selbstwahrnehmen). Konflikte haben immer zwei Ebenen: eine kognitive Ebene (z. B. Gedanken, Pläne, Ziele) und eine emotionale Ebene (z. B. Ärger, Wut, Niedergeschlagenheit). Insbesondere in den emotionalen Prozessen und dem unreflektierten Ausleben dieser im Konfliktgeschehen sehen viele Teammitglieder ein Risiko und verbinden damit unangenehme Assoziationen.

Die Gefahren von Konflikten liegen darin, dass die Kooperationsbeziehungen geschwächt bzw. zerstört werden. Eskalierende Konflikte behindern dabei die Zielerreichung, extreme und erstarrte Positionen binden Aufmerksamkeit und Energie. Die Freude und der Spaß an gemeinsamen Projekten gehen verloren (Fabel-Lamla et al. 2019). Demgegenüber besteht ein möglicher Nutzen von Konflikten darin, dass sie zum Überprüfen bisherigen Verhaltens beitragen können, durch Konflikte Interessen und Ziele genauer beschrieben werden, persönliches Engagement und Emotionen geweckt werden und bei erfolgreicher Konfliktbewältigung eine Annäherung und ein (stärkerer) Zusammenhalt zwischen den Beteiligten entstehen kann (Schwendner 2012, 57 ff.).

Ein durchgängig positiver Zusammenhang von Beziehungsqualität im Team und Arbeitsergebnis lässt sich in empirischen Studien nicht nachweisen, wie auch Konflikte nicht grundsätzlich negativ für die Teamentwicklung sind. Insbesondere bei komplexeren Aufgaben können konstruktiv ausgetragene Aufgabenkonflikte sogar zu einer Verbesserung des Leistungsergebnisses führen (Gebert 2004, 139 ff.).

Hilfreich für den Umgang mit Konflikten im Team ist eine Denkhaltung, die davon ausgeht, dass Konflikte kein Anzeichen für den Misserfolg von Teamarbeit sind, sondern ein Anzeichen für das (mehr oder weniger gelungene) Engagement der Einzelnen für ihren professionellen Standpunkt, ihre Interessen und ihre Art die Welt zu sehen. Aus der Perspektive der Mitarbeitenden ist es ihr bestmöglicher Beitrag zur Teamarbeit (hilfreiche Annahme: dem Anderen gute Absichten zu unterstellen).

Die Vorgehensweise bei der Konfliktlösung hängt davon ab, wie weit ein Konflikt bereits fortgeschritten ist (s. Konflikteskalationsstufen nach

Glasl 1997). Bei den Konfliktlösungsmethoden lassen sich präventive und kurative Strategien unterscheiden. Als *konfliktpräventiv* sind die Vereinbarung von Kommunikationsregeln und das Training der Kommunikation im Team anzusehen. Dazu gehören auch Gespräche, die Raum zum Äußern persönlicher Sorgen und Befürchtungen der Teammitglieder geben.

Zu den *kurativen* Konfliktlösungsstrategien zählen die Analyse der Konfliktdynamik sowie der Austausch über unterschiedliche Wahrnehmungsperspektiven und Interessen. Auch die Anregung gehört dazu, die verschiedenen Standpunkte und persönlichen Ziele zu formulieren und gegebenenfalls auch eine Konflikteskalation (z. B. durch Rollenspiele oder Konfrontation) herbeizuführen. Diese hilft dann den Konfliktparteien, die eigene und die gegnerische Position klarer zu erkennen (Regnet 2007, 54 ff.).

Bei der Konfliktlösung sind *kooperative* und *unkooperative* Strategien zu unterscheiden. Zu den kooperativen Strategien gehören die Zusammenarbeit (Konflikte diskutieren, Standpunkte austauschen, nach gemeinsamen Gewinnstrategien suchen), die Anpassung (nachgeben, harmonisieren, Anspruch reduzieren) und die Kompromisssuche. Unkooperativen Strategien sind beispielsweise der Machteinsatz (vollendete Tatsachen schaffen, Informationen vorenthalten oder manipulieren, Machtposition nutzen) und die Vermeidung (Konflikte ignorieren, Rückzug, Probleme vertagen).

Für eine erfolgreiche Konfliktbearbeitung sind folgende Grundsätze von besonderer Bedeutung (s. hierzu auch Pühl 2010):

- Im ersten Schritt soll eine Konfliktanalyse erfolgen, das heißt, es gilt die am Konflikt beteiligten Personen zu erfassen und ihre Interaktionsmuster nachzuzeichnen (Ziel: Bewusstsein der eigenen Beteiligung).
- Ein wichtiger Zwischenschritt in der Konfliktbearbeitung ist die Offenlegung von Interessen, Bedürfnissen und Absichten der Beteiligten.
- Im Konfliktgespräch braucht es eine Musterunterbrechung der (den Konflikt stabilisierenden) Kommunikation, das heißt, es gilt alternative Sichtweisen, Perspektiven und Handlungen sichtbar zu machen.
- Jede am Konflikt direkt beteiligte Person und die anderen Teammitglieder sind aufgefordert, über Konsequenzen von Veränderungen

nachzudenken (Gewinn-Verlust-Bilanz) und den Gesamtprozess für sich auszuwerten.
- Eine nachhaltige Konfliktbeilegung erfordert eine »niederlagenlose« Methode der Konfliktlösung, die nicht zwischen Sieger und Besiegtem unterscheidet (Ziel: Win-win-Lösung).

Auf den Punkt gebracht

- Psychosoziale Arbeit ist eine Vertrauenssache in enger Abstimmung zwischen den Klient*innen und den Fachkräften. Für die Emotionsarbeit kann Teamarbeit psychische Entlastung, soziale Unterstützung und kollegiales Feedback bieten.
- Allerdings gibt es auch ein potenzielles Konkurrenzverhältnis bzw. einen möglichen Loyalitätskonflikt, wenn sich die Klient*innenanliegen bzw. -erwartungen (z. B. hinsichtlich des Umfangs ihres Hilfebedarfs) und die Teamvorgaben für die psychosoziale Arbeit widersprechen. Dies gilt insbesondere für die Einzelfallarbeit, die in ihrer Arbeitsstruktur wenig *teaming* ist (Edding & Schattenhofer 2020, 31 ff.; ▶ Kap. 1.3). Insofern muss das Team auch die Balance zwischen der Einzelverantwortlichkeit für einen Fall bzw. ein Klient*innensystem und der im Team gegebenen »Schwarmintelligenz« und ihrer Aktivierung zur Verbesserung der Klientenarbeit planvoll ausloten.
- Die Herausforderung in der Teamarbeit macht gleichzeitig ihre Chancen aus: Die Vielfalt der Ansichten, Perspektiven und Arbeitsschwerpunkte im multiprofessionellen Team ermöglicht es erst, die Lebenssituation der Klient*innen umfassend zu würdigen und auf dieser Basis professionelle Unterstützung zu planen und durchzuführen.

Weiterführende Literatur

Heiner, Maja (2022): Soziale Arbeit als Beruf (2. Aufl.). München: Reinhardt.
Karic, Senka, Heyer, Lea, Hollweg, Carolyn & Maack, Linda (Hrsg.) (2019): Multiprofessionalität weiterdenken. Weinheim: Beltz Juventa.

Noack, Michael (2024): Integrierte Methodik in der Sozialen Arbeit. Einzelfall-, gruppen- und gemeinwesenbezogen intervenieren. Stuttgart: Kohlhammer.
Regnet, Erika (2007): Konflikt und Kooperation. Göttingen: Hogrefe.
Spiegel, Hiltrud v. (2018): Methodisches Handeln in der Sozialen Arbeit (6. Aufl.). München: Reinhardt.

4 Gestaltungsfragen der Teamarbeit

> ☞ **Überblick**
>
> Dieses Kapitel betrachtet das Spannungsfeld zwischen einem Team und der Gesamtorganisation. Es werden Fragen der Leitungsverantwortung bei der Organisation der Teamarbeit und Eckpunkte der Selbstorganisation von Teamarbeit erörtert. Neben der Teamkommunikation werden der Teamresilienz und anwendungsorientierten Fragen zur Resilienzförderung besondere Beachtung geschenkt.

4.1 Das Team als Bestandteil der Gesamtorganisation

Arbeitsteams sind in einem organisationalen Netzwerk verankert und befinden sich mit anderen Gruppen und Akteur*innen innerhalb der Organisation im Austausch (Beziehung: Team-Team und Team-Organisation). Die Stellung, Funktion und Einbindung eines Teams sind im untenstehenden Organigramm einer Organisation (fiktives Beispiel ▶ Abb. 4) abgebildet. Eine Organisation ist klassisch in Fachbereiche, Abteilungen und/ oder Teams unterteilt. Die strukturelle Zuordnung spezifiziert das Aufgabenfeld eines Teams. Das Team kann sich dadurch bewusst auf seinen Teilauftrag konzentrieren. Auch lässt sich im Organigramm ablesen, wer die Abteilung bzw. das Team leitet und welche weiteren Hierarchien in der Organisation bestehen. Diese Übersicht mag recht nüchtern und vielleicht auch unflexibel erscheinen, sie trägt jedoch wesentlich zur Reduktion der Komplexität bei und fördert Eindeutigkeit in der Funktionsdifferenzierung. So gelingt es Organisationen, auch scheinbar unvereinbare Ziele zu integrieren (Simon 2007, 29 ff.).

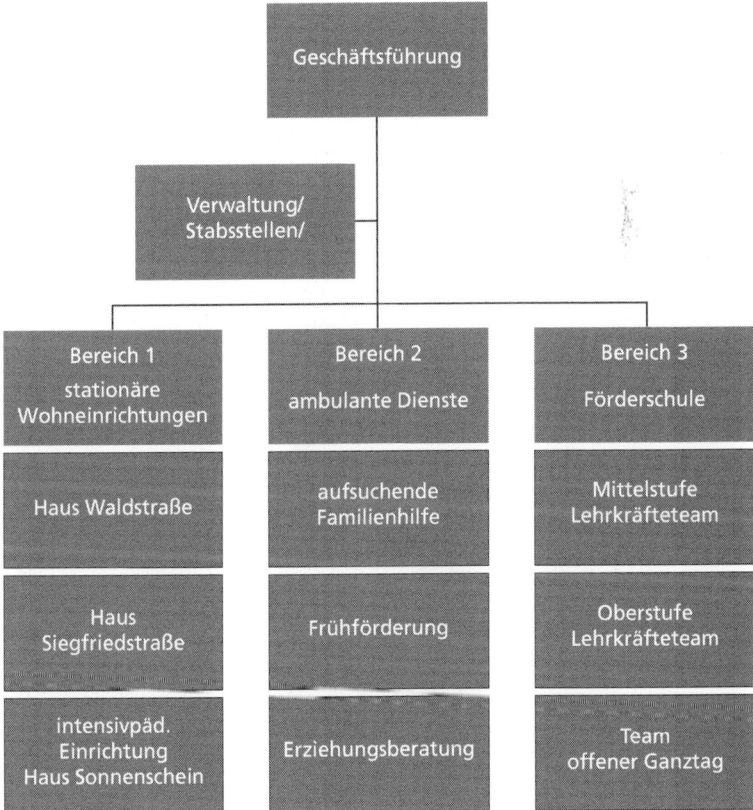

Abb. 4: Organigramm einer fiktiven Jugendhilfeeinrichtung (eigene Darstellung)

Die Abteilungen und Teams der Gesamtorganisation ergänzen und unterstützen sich wechselseitig in ihren Aufgaben (z. B. Personalabteilung und Beratungsstelle). Anderseits gibt es aber auch Abteilungen und Teams, die zueinander in Konkurrenz stehen – beispielsweise um Ressourcen, um ihre Bedeutung in der Gesamtorganisation oder um den Einfluss auf Entscheidungen. So ist es das Ziel der Controlling-Abteilung Prozesse zu überprüfen und Fehler in der Verausgabung von Geld und Materialien festzustellen. Demgegenüber hat die Verkaufsabteilung die Aufgabe, möglichst viele Aufträge einzuwerben. Um dies zu maximieren, könnten Preisnachlässe und die Zusage zu besonderen Kundenwünschen erfolgen, die beispielsweise nur mit besonderem Aufwand umsetzbar sind oder dem Qualitätshandbuch widersprechen.

Nicht alle diese Gegensätze müssen zu Konflikten und Konkurrenz zwischen Abteilungen und Teams führen. Insbesondere wenn das Bewusstsein für die verschiedenen Beiträge und Rollen mit Wertschätzung dem anderen Beitrag gegenüber verbunden ist, kann es in der multiprofessionellen Kooperation zu Synergieeffekten kommen (▶ Kap. 1.1).

Bei der Beziehung zwischen Team und Gesamtorganisation ist ein gruppendynamischer Effekt zu berücksichtigen, der in der Sozialpsychologie erforschte Effekt der *Eigengruppenbegünstigung*. Es ist empirisch gut belegt, dass Mitgliedern der eigenen Bezugsgruppe positivere Merkmale zugerechnet und diese Personen besser behandelt werden als Personen einer Fremdgruppe (Jonas, Stroebe & Hewstone 2007, 498 f.). Sie erhalten die Einschätzung, leistungsfähiger, sympathischer, kompetenter und freundlicher zu sein und werden bei der Vergabe von Ressourcen oder in Fragen der Zusammenarbeit begünstigt bzw. eher gewählt. Dieser Effekt lässt sich in Experimenten sogar dann nachweisen, wenn die Unterscheidung anhand eines beliebigen Merkmals erfolgt (z. B. Gruppenbildung anhand per Zufall zugewiesener Gruppennummern). Dieser empirisch gesicherte Kategorisierungseffekt stellt umgekehrt auch die Basis der Intergruppendiskriminierung dar, das heißt der Abwertung der Fremdgruppe.

Zur Frage, wie sich interpersonal Nähe und Sympathie fördern und damit auch Konflikte verringern lassen, findet sich in der sozialpsychologischen Forschung die *Kontakthypothese*. Damit ist gemeint, dass intensivere Intergruppenbeziehungen und Freundschaften über die Grenzen sozialer Gruppen hinaus Sympathie fördern und soziale Vorbehalte und Ängste abbauen. Voraussetzung dafür ist die häufige Interaktion zwischen bzw. die Begegnung von Mitgliedern unterschiedlicher Gruppen. Auch verstärkt sich der Effekt bei Personen mit gleichem sozialen Status, gemeinsamen Zielen und Gruppennormen sowie durch die Unterstützung bzw. Befürwortung durch leitende Personen (ebd., 520 ff.).

Gut zu merken

Der empirisch gesicherte Effekt der Kontakthypothese lässt sich in der Teamarbeit nutzen, indem in einer Organisation die Zusammenarbeit über die Teamgrenzen hinweg gefördert wird, beispielsweise durch gemeinsame teamübergreifende Projekte, durch eine organisationsweit offene Supervision oder kollegiale Fallberatung (▶ Kap. 5.4). Auch der häufige Austausch in (nach dem Zufallsprinzip gebildeten) Kleingruppen oder die wechselseitige Hospitation in der Einzelfallarbeit können diesen Effekt fördern.

Neben der strukturellen und der gruppendynamischen Sicht ist für die Unternehmenskultur und die in der Organisation geteilten Werte die historische Sicht auf die Ursprünge der Organisation bedeutsam. So ist beispielsweise das Selbstverständnis kirchlicher Einrichtungen mit langer Geschichte (z. B. der von Bodelschwinghschen Anstalten Bethel) von den Ideen der Gründer*innen geprägt. Es finden sich Organisationseinheiten, die in diesem Sinne eher der Tradition und Geschichte verbunden sind (z. B. innerkirchliche Verwaltung), und neu entstandene innovative Organisationseinheiten, die sich vor allem als soziale Dienstleistungserbringer verstehen.

Außerdem sind Teams in Netzwerke außerhalb der eigenen Organisation eingebunden. Insbesondere ist hier die Vernetzung mit Kostenträgern, politischen Akteur*innen, der Presse und Selbsthilfeorganisationen der Klient*innen hervorzuheben. Die von diesen Interessengruppen (Stakeholder) implizit oder explizit formulierten Erwartungen und Wünschen beeinflussen die Teamarbeit und die Dienstleistungserbringung.

Gut zu merken

In Teams besteht häufig eine starke Innenorientierung, das heißt eine Beschäftigung mit den Rollen, Umgangsformen, Beziehungen und den Teamentscheidungen (kolportiert in dem Spruch: »Unsere Arbeit könnte doch so gut laufen, wenn die Klient*innen nicht da wären«). Vor wichtigen Teamentscheidungen gilt es so immer wieder die Außenperspektive beispielsweise der Klient*innen, der Kostenträger oder der Öffentlichkeit einzubeziehen. Dies kann beispielsweise durch folgende Leitfrage erfolgen: Wenn unsere Klient*innen dem Teamaustausch zuhören würden, welche Gedanken, Gefühle und Ideen hätten sie? Woran würden unsere Kostenträger merken, dass unser Team professionelle psychosoziale Arbeit leistet?

Analog zu einer Helfer*innenkonferenz gilt es relevante Akteur*innen mit ihren Wahrnehmungen, Wünschen und Interessen immer wieder in die Teamprozesse und -entscheidungen einzubeziehen. Deren Wünsche und Interessen könnten mit der Selbstsupervisionsübung »Auftragskarussell« für die Einzelfallarbeit systematisch erhoben werden (von Schlippe & Schweitzer 2013, 232).

4.2 Die Führung und Steuerung von Teamaktivitäten

Dieses Kapitel beginnt mit der Grundsatzfrage: Braucht ein Team eine Leitung? Oder lassen sich Teamentscheidungen nicht viel besser auf Konsens hin »basisdemokratisch« entscheiden? Welche Vor- und Nachteile haben gemeinschaftliche konsensorientierte Entscheidungen? Zur Beantwortung dieser Frage gilt es den Führungsbegriff, die zentralen Funktionen von Leitung und Fragen der Selbstorganisation (▶ Kap. 4.3) zu behandeln.

4.2 Die Führung und Steuerung von Teamaktivitäten

Führung

Führung ist die zielbezogene Einflussnahme auf Personen und organisationale Strukturen (vgl. Wegge und Rosenstiel 2014, 316f.). Die Einflussnahme auf Personen findet durch kommunikatives Handeln (z. B. Gesprächsführung, Moderation, Unterweisung) und durch die Vorgabe von Strukturen statt. Organisationale Strukturen sind beispielsweise die Ausstattung mit Arbeitsmitteln, Räumlichkeiten, Personal, das Lohn- und Prämiensystem und die Arbeitszeiten.

Als Funktionen von Leitung in sozialen Organisationen hebt Merchel (2015a) folgenden Aspekt hervor: »Der Leitung kommen [...] die Funktion und die Verantwortung zum einen für die ›zielgerechte Ausrichtung der Einzelhandlungen‹ innerhalb der Organisation [...] und zum anderen für den inneren Zusammenhalt der Organisation [...]« zu. Darüber hinaus verweist der Autor auf die Steuerungsaufgaben von Leitung, diese »richten sich auch auf die Beobachtung und Gestaltung der Bezüge der Organisation zu ihrer Umwelt« (Merchel 2015a, S. 31; Hervorh. i. O.).

Für die Bewertung des Führungserfolgs liegt eine große Zahl an Kriterien vor. Zentral sind die *Effizienzdimension* (z. B. Quantität und Qualität der erbrachten Leistung, Kundenzufriedenheit) und die *Humandimension* (z. B. Betriebsklima, Identifikation der Mitarbeitenden mit der Institution).

Als *Formen der Führung* sind zu unterscheiden:

1. Führung von oben (durch Vorgesetzte)
2. geteilte Führung (aufgabenbezogene Delegation)
3. laterale Führung (auf kollegialer Ebene)
4. Führung von unten (durch Mitarbeitende)
(Nerdinger 2019b, 107f.).

Neben der klassischen Führung von oben besteht das Konzept der *geteilten Führung* (shared leadership), das heißt, durch Delegation werden Aufgaben und Verantwortung beispielsweise kompetenz- und interessenorientiert verteilt. Die Identifikation mit den Gruppenzielen, das Teamklima und das Gruppenergebnis lassen sich bei geteilter Führung deutlich stärken bzw. steigern (Pukall 2023, 363 ff.; Nerdinger 2019b, 111).

Führung findet im Spannungsfeld zwischen den *individuellen Zielen* und Motiven der Mitarbeiter*innen und den *Unternehmenszielen* statt. In sozialen Organisationen sind die Zieldimensionen Nächstenliebe, Hilfe zur Selbsthilfe, ein möglicher (öffentlicher) Kontrollauftrag und Wirtschaftlichkeit durch die Führungskraft zu vermitteln und in die Aufgabenausführung zu integrieren.

In der neueren Führungsforschung ist die Unterscheidung zwischen einem *aufgaben- und einem mitarbeiterorientierten Führungsstil* etabliert (Kals 2006, 99 ff.). Aufgabenorientiert führt beispielsweise eine Teamleitung, wenn sie sachlich argumentierend die effizienzorientierten Ziele, die Arbeitsabläufe und deren Optimierung in den Mittelpunkt stellt. Ein mitarbeiterorientierter Führungsstil ist demgegenüber dadurch charakterisiert, dass die Führungskraft sich um die Verbesserung des Betriebsklimas, die Familienfreundlichkeit der Arbeitszeiten und die beruflichen Entwicklungswünsche der Mitarbeitenden kümmert. Ein mitarbeiterorientierter Führungsstil wirkt sich zumeist positiv auf das Teamklima und die Arbeitszufriedenheit aus, nicht aber auf die Steigerung der Produktivität. Hierfür wäre ein aufgabenorientierter Stil eher geeignet, sodass es insgesamt gilt eine Balance zwischen beiden Ausprägungen zu suchen.

Betrachtet man die Austauschbeziehung zwischen Mitarbeiter*innen und Führungskraft, so wird in der Führungsforschung zwischen *transaktionaler und transformatorischer Führung* unterschieden (Nerdinger 2019b, 102 f.; Wegge & Rosenstiel 2014, 340 ff.). Transaktionale Führung setzt auf Belohnung als Mittel der Zielerreichung und klare Kommunikation von Erwartungen als Basis der Mitarbeitersteuerung (management by expectations). Hier besteht die Gefahr der Belohnungsunterlassung, das heißt, dass Leistungen der Mitarbeitenden nicht honoriert werden. Auch gibt es einen »Gewohnheitseffekt« an das übliche Niveau der Honorierung und damit verbunden ein Nachlassen der Motivation.

Transformatorische Führung legt den Schwerpunkt auf intrinsische Anreize und Emotionen. Sie zielt auf eine charismatische Führung und die Weiterentwicklung der Bedürfnisstruktur der Mitarbeitenden ab. Wertschätzung und Respekt sowie Zuversicht und Begeisterung für neue kreative Lösungen sollen vermittelt und vorgelebt werden. Die Bedeutung von Innovation und geteilten Visionen für den Unternehmenserfolg werden in diesem Ansatz betont (Nerdinger 2019b, 103).

Hier schließt auch die Idee an, dass eine Entscheidung im Konsens eine stärkere motivationale Wirkung hat, an die sich die Mitglieder meist dauerhaft gebunden fühlen. Der Vorteil liegt sicher in der auf ein gemeinschaftliches Ziel ausgerichteten koordinierten Aktivität der beteiligten Akteur*innen. Der große Nachteil besteht jedoch darin, dass die Herstellung eines Konsenses einen sehr großen Energieaufwand mit sich bringen und lange dauern kann. Auch gibt es ein Handeln »vor und hinter dem Vorhang«, das heißt, dass nicht alle Mitarbeitenden ihre Zweifel und Einwände öffentlich äußern. Insbesondere in hierarchischen Organisationsformen, die keine Tradition der Mitarbeiter*innenbeteiligung entwickelt haben, ist der offene und kontroverse Dialog nicht in der Organisationskultur verankert und fehlt in den Kommunikationsprozessen.

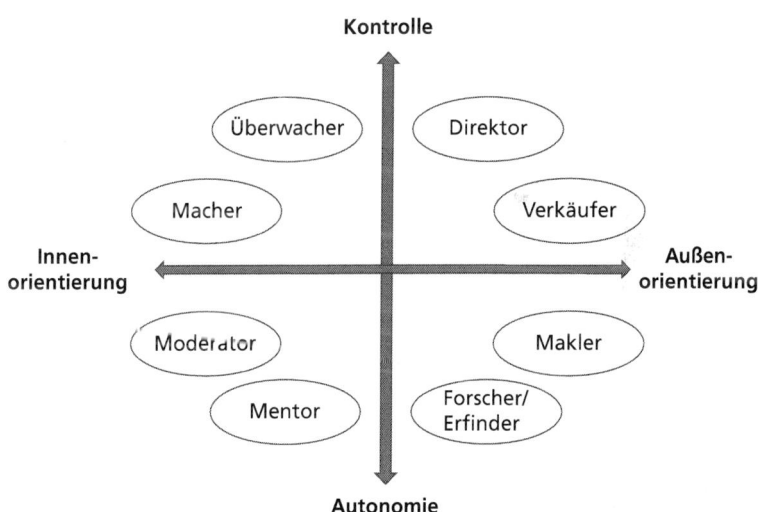

Abb. 5: Führungsrollen zwischen Kontrolle und Autonomie für die Mitarbeitenden, Innen- und Außenorientierung (eigene Darstellung, orientiert an Wegge 2004, S, 191)

> **Partizipative Sicherheit**
>
> Für die Beteiligung der Mitarbeiter*innen kommt dem Konzept der partizipativen Sicherheit (van Dick & West 2013) eine wichtige Bedeutung zu. Darunter verstehen die Autoren
>
> »ein Klima, das den Teammitgliedern erlaubt, auch mal Fehler zu begehen – dadurch ist es möglich, auch risikobehaftete Ideen vorzubringen und umzusetzen. [...] In einem solchen Klima nehmen die Einzelnen tatsächlich mehr Einfluss wahr, sie interagieren häufiger und tauschen mehr Informationen aus« (ebd., 44 f.).

Worin bestehen die Kernaufgaben einer Führungskraft?

Bei Führungstätigkeiten ist zwischen *operativen und strategischen Aufgaben* zu unterscheiden. Operativ ist das Tagesgeschäft, das heißt die wiederkehrenden Handlungsabläufe in der Klient*innenarbeit und der Innenverwaltung. Diese Aufgaben sollten nicht das ständige Überwachen und Intervenieren der Führungskraft erfordern. Falls dies doch der Fall ist, weist dies auf die Notwendigkeit hin, die operativen Abläufe an die (vielleicht geänderten) Erfordernisse anzupassen. Strategische Aufgaben richten sich auf die Zukunft und fragen danach, wie ein Team oder allgemein eine Organisation auch morgen noch am Markt bestehen kann. Dieses Vorausdenken wird wesentlich mit Führung verbunden und richtet sich unter anderem auf die Suche nach zukünftigen Arbeitsfeldern, Kostenträgern, Klient*innen bzw. Nutzer*innen und Mitarbeiter*innen und den dafür notwendigen Organisationsstrukturen (▶ Abb. 5).

Für Teamleitungen ist insbesondere die *Passung* zwischen der Arbeitsaufgabe und den Kompetenzen, dem Fachwissen und der Motivation der Mitarbeitenden von entscheidender Bedeutung für die Arbeitsleistung und -qualität und letztlich auch für die Arbeitszufriedenheit. So sind die Einarbeitung neuer Kolleg*innen, die Fort- und Weiterbildung langjähriger Mitarbeitender und die regelmäßige Reflexion der Arbeitsprozesse und -ergebnisse zu fördern. Mitarbeitende bilden am ehesten eine stabile intrinsische Motivation aus, wenn sie eine Tätigkeit ausüben, die anspruchsvoll ist und ihre Kompetenzen fordert, gleichzeitig aber auch für sie leistbar und befriedigend ist (Schultz-Hardt, Hertel & Brodbeck 2007).

Ein in der Sozialen Arbeit nicht so leicht mit professionellen Ansprüchen zu vereinbarender Faktor ist der *Umgang mit Macht*. Der Machtausübung einzelner weniger Personen steht die Idee der Sozialarbeit gegenüber, dass jeder Mensch sich seinen Wünschen und Bedürfnissen entsprechend frei entwickeln soll. Oft erleben die Fachkräfte, dass ihre Klient*innen durch strukturelle, physische oder psychische Machtausübung behindert und in ihrer Entwicklung begrenzt werden. Diese Erfahrung, die damit verbundene negative Bewertung von Macht und die professionellen Standards der Sozialarbeit (Heiner 2022, 101 ff.) stehen in einem offenen Spannungsverhältnis mit der Machtausübung der Führungskraft.

Macht im betrieblichen Rahmen kann folgende Formen annehmen (Kals 2006, 107 ff.):

- Belohnungsmacht (Verfügung über Gratifikationen, z. B. Lohnerhöhung)
- Bestrafungsmacht (Einsatzmöglichkeit von Sanktionen, z. B. Abmahnung)
- Expertenmacht (Verfügung über Spezialwissen, z. B. Fachkenntnisse)
- legitimative Macht (aufgrund gesellschaftlicher, formaler Stellung, z. B. Familiengericht)
- Identifikationsmacht (Einfluss wird bewundert, z. B. Fachexperte, Rockstar)

Nerdinger (2019b, 113 ff.) weist auf die dunkle Seite von Führung hin: wenn Vorgesetzte ihre Einflussmöglichkeiten und Machtfaktoren für individuelle Bedürfnisse missbrauchen. Insbesondere nachdem beispielsweise eine Teamleitung von ihrem nächsthöheren Vorgesetzten eine aus ihrer Sicht ungerechte Kritik oder diskriminierendes Verhalten erfahren hat, kann dies bei ihr Frustration, Ärger und Wut auslösen. Infolgedessen erhöht sich die Wahrscheinlichkeit von feindseligem Führungsverhalten im Sinne einer »verschobenen Aggression« (ebd., 113) den eigenen Mitarbeitenden gegenüber.

4 Gestaltungsfragen der Teamarbeit

Gut zu merken

Bei der Übernahme einer Führungsrolle gilt es, sich selbstkritisch mit den benannten Machtfaktoren auseinanderzusetzen und den Gebrauch von Führungsinstrumenten (z. B. Mitarbeiter*innengespräche, Konfliktgespräche) zu üben. Die Führungsrolle »mit Augenmaß« und möglichst transparenten und fairen Regeln auszuüben, hat wesentlichen Einfluss auf das Commitment (Identifikation, Bindung, Leistungsbereitschaft) und die Compliance (Akzeptanz, Befolgen der Führungsanweisungen) der Mitarbeitenden und trägt dazu bei, möglichen Widerständen und Kritik der Mitarbeitenden konstruktiv zu begegnen. Zu erwerben ist insbesondere die Fähigkeit »zur *Selbstreflexion im Hinblick auf die eigene Rollengestaltung*, auf die eigene Haltung, auf die persönliche[n] Spannungen und Empfindungen im Kontext der Leitungsrolle« (Merchel 2015b, 290; Hervorh. i. O.).

4.3 Selbstorganisation von Teams

In jedem Team gibt es neben der formal bestimmten Leitungsperson andere Mitglieder, die durch ihre persönliche Ausstrahlung, ihre Erfahrung oder soziale Kompetenz einen besonderen Einfluss auf das Teamgeschehen haben (informelle Führer*innen). Insofern entspricht die Vorstellung einer über Hierarchien und formale Vorgaben gesteuerten Teamarbeit kaum der Realität. Vielmehr haben einzelne Teammitglieder punktuell die Führungsverantwortung inne, beispielsweise als Fachexpert*in für eine Beratungsmethode, für ein Krankheitsbild oder ein Diagnoseverfahren oder als Organisator*in einer Ferienfreizeit.

Selbstorganisation

»Ein Team ist selbstorganisiert, wenn es nicht nur Arbeitsergebnisse produziert, sondern auch seine Arbeitsstruktur eigenverantwortlich gestaltet und weiterentwickelt« (Pukall 2023, 15). Zur Gestaltung von selbstorganisierten Arbeitsstrukturen rechnet Pukall neben der eigenverantwortlichen Aufgaben- und Rollenverteilung die Planung und Durchführung von Meetings, Entscheidungsprozessen und in der höchsten Ausprägung der Selbstorganisation, dann auch die Ziele und strategischen Maßnahmen in Eigenverantwortung zu entwickeln.

Als theoretische Grundlage des Selbstorganisationsansatzes werden die Arbeiten von Luhmann (2021) herangezogen. Der Selbstorganisationsansatz geht davon aus, dass ein System durch Akteur*innen außerhalb des Systems nicht determiniert werden, sondern lediglich zur Weiterentwicklung angeregt werden kann und seine Selbstbezüglichkeit (Autopoesis) dominiert. Ein Team besteht danach weniger aus der Addition der einzelnen Persönlichkeiten, sondern aus dem Netzwerk von Beziehungen, den Regeln der Kommunikation und des Austauschs zwischen den Teammitgliedern und ihren wechselseitigen Wahrnehmungen und Erwartungen.

Selbstorganisierten Teams stellt sich die Aufgabe, sich auf tragfähige Werte zu verständigen. Hier ein Beispiel für ein Set an Basiswerten: Kaltenecker (2021) hebt als vier praxisbewährte Werte Respekt, Commitment, Einfachheit und Mut hervor. Bei der Begründung von Respekt bezieht sich der Autor auf einen in vielen agilen Teams gebrauchten Grundsatz. »Unabhängig von dem, was wir herausfinden, sind wir davon überzeugt, dass in der gegebenen Situation, mit den verfügbaren Ressourcen, mit dem vorhandenen Wissen und den individuellen Fähigkeiten jeder sein Bestes getan hat« (Kaltenecker 2021, 34). Commitment bedeutet die Identifikation mit den Arbeitszielen und -inhalten sowie die Bereitschaft sich für diese zu engagieren. Einfachheit ist für den Autor ein Wert, da er einfache Lösungen heute umzusetzen und evtl. später zu korrigieren wichtiger findet als ein umfassendes Konzept zu entwickeln, das möglicherweise wegen Ressourcenmangel nicht umgesetzt werden kann. Mut ist insbesondere im Hinblick auf Transparenz, Ehrlichkeit und Offenheit bedeutsam. Nur so kann sich das Team auch über Herausforderungen und Misserfolge austauschen und bei der Bewältigung gegenseitig unterstützen.

> **New Work**
>
> Der Begriff New Work ist fester Bestandteil der Debatte um die Weiterentwicklung der Arbeitswelt. Er geht auf den Sozialphilosophen Frithjof Bergmann zurück, der die Form der Erwerbsarbeit in entwickelten kapitalistischen Ländern kritisiert und einen Gegenentwurf zur sinnentleerten Industriearbeit formulierte (Bergmann 2004).
> In der heutigen Debatte zielen Konzepte zu New Work insbesondere auf die Erhöhung der Attraktivität der Arbeitsumgebung, die Stärkung der Beteiligung von Mitarbeitenden und die Vereinfachung von Arbeitsabläufen ab, um die Mitarbeiter*innen an das Unternehmen zu binden und ihre Arbeitszufriedenheit zu erhöhen. So stellen Unternehmen wie Google und Facebook beispielsweise in ihren Arbeitsräumen gemütliche Sofas und Kicker auf und bieten Getränke, Obst und Pausensnacks an. Die sich wandelnde Sicht der Mitarbeitenden auf die Arbeitswelt ist eng verbunden mit veränderten Lebensentwürfen, dem Wunsch nach Sinnerfüllung und Selbstverwirklichung in der Berufsarbeit (Laloux 2015, 12 f.).
> Strukturelle Veränderungen der Arbeitsorganisation und der Arbeitsbeziehungen im Kontext von New Work richten sich auf die Partizipation und Selbstführung der Mitarbeitenden. Gleichzeitig zielt der Ansatz auf die Flexibilisierung der Arbeitsorganisation, der Prozessabläufe sowie der Arbeitszeiten, -orte und -inhalte (Väth 2016). Das Führungskonzept richtet sich auf Mitarbeiter*innenbeteiligung, Ressourcenaktivierung (z. B. hinsichtlich der Mitarbeiter*innenkompetenzen) und die Kontextsensibilität, das heißt die verstärkte Aufmerksamkeit für die relevanten Umwelten, ihre Wertemuster und Anschlussfähigkeit an innerorganisationale Prozesse und an die Umwelt der Organisation.

Teams brauchen zur Selbstorganisation neben den Kompetenzen für die Erfüllung ihrer fachlichen Aufgaben Kompetenzen in der Prozesssteue-

4.3 Selbstorganisation von Teams

rung. Diese Kompetenzen sind auf die innere Rollenkoordination und die Kontextsteuerung gerichtet (vgl. Brinkmann & Schattenhofer 2022, 15 ff.). Mit Kontextsteuerung ist die Herstellung und Anpassung von Rahmenbedingungen gemeint, um die Eigensteuerung der Teams zu ermöglichen. Dazu zählen die Aufgabenbeschreibung, die Rechte und Pflichten und die Ressourcenausstattung. Mit Rollenkoordination ist die gemeinschaftliche Entscheidung darüber gemeint, wer im Team welche Teilaufgabe und wer die Koordination der Teamaktivitäten übernimmt.

Gut zu merken

An der Grundsatzfrage, ob und wenn ja wie viel Führung ein Team braucht, sollte sich in Teams kein »Glaubenskrieg« entfachen.
Um an Zielen orientiert effektiv zu handeln, braucht es Führung. Nur so finden die Teammitglieder Orientierung, psychologische Sicherheit und Klarheit über ihren Beitrag zum Teamprozess. Insbesondere in psychosozialen Teams ist dies notwendig, da durch die Klient*innen und ihre zum Beispiel herausfordernden und krisenhaften Lebenskontexte psychische Belastungen in der Arbeitsausführung entstehen.
Aber: Je nach Themenfeld sollten die Mitarbeitenden Führungsverantwortung übernehmen können, die für die anstehende Teamaufgabe die beste fachliche Expertise, das notwendige Erfahrungswissen und das inhaltliche Interesse haben. Hier gilt es durch eine klare und transparente Rollenaufteilung, die bei veränderten Anforderungen flexibel angepasst werden kann, eindeutige Verantwortlichkeiten und damit auch für die Klient*innen verlässliche Ansprechpartner*innen zu haben.

4.4 Teamkommunikation

Ausgangspunkt für das Verständnis von Gruppenkommunikation ist die sozialpsychologische These der Zirkularität von Kommunikation (Röhner & Schütz 2016). Nach dieser unterscheidet sich die Kommunikation in Teams von anderen Formen beruflicher Kommunikation insbesondere durch folgende Aspekte:

- eine größere personale Nähe der Kommunikationspartner*-innen (Kommunikationsverdichtung und direkte Individualkommunikation)
- eine stärkere wechselseitige Einflussnahme der Interaktionspartner*-innen aufeinander (durch Kontakthäufigkeit und -dauer sowie Bedeutsamkeit der Kommunikation)
- ein höherer Grad an Face-to-face-Kommunikation (außer bei virtuellen Teams) und damit verbunden die größere Bedeutung der nonverbalen Kommunikation und der sprachbegleitenden Kontextaspekte (für die Interpretation der Botschaft der Sender*innen)
- die Herausbildung einer informellen Teamstruktur (neben den formellen Rollen) sowie einer geteilten Teamgeschichte. Die Kommunikation dient neben der Aufgabenerledigung der Etablierung bzw. Festigung der Teambeziehungen, der Teamrollen und der Teamidentität.
- Der Teamkontext bildet den Raum, in dem Rückmeldung über das eigene Arbeitsverhalten und die -ergebnisse kommuniziert werden (Funktion der Selbstvergewisserung). Mitarbeitende schließen aus dem Feedback von anderen Teammitgliedern und der Führungskraft auf ihre Bedeutung im Team, ihre Stellung in der Hierarchie, ihre berufliche Selbstwirksamkeit (Kauffeld & Schulte 2014, 157 f.) und ihr berufliches Selbstbild.

Die Teamkommunikation ist gleichzeitig ein wichtiges Instrument der Teamführung, der Ausgestaltung der Arbeitsabläufe und -bedingungen und der Struktur der Informationsweitergabe. Hier sind zentralistische und dezentrale Kommunikationsnetzwerke zu unterscheiden. Bei einem zentralistischen Netzwerk werden die Informationen über eine einzige Person ausgetauscht (z. B. Radstruktur, ▶ Abb. 6). Demgegenüber sind bei

4.4 Teamkommunikation

einer vollständigen Kommunikation alle Personen mit allen anderen verbunden. Daneben existieren mit der Kreisstruktur, der Kette und der Gabelstruktur grundsätzlich noch drei weitere Netzwerkformen (▶ Abb. 6).

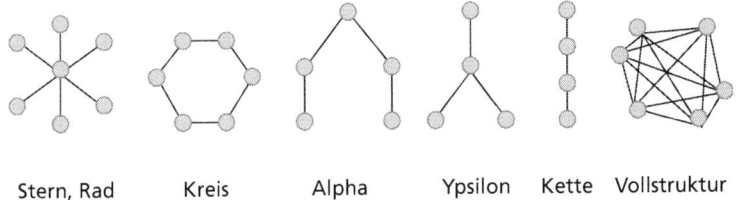

Stern, Rad   Kreis   Alpha   Ypsilon   Kette   Vollstruktur

Abb. 6: Kommunikationsnetzwerke in Kleingruppen (aus: Balz & Spieß 2009, 29)

Zentralistische Netzwerkstrukturen haben sich bei einfachen Routinetätigkeiten als am effektivsten erwiesen (schnellere Aufgabenausführung und weniger Fehler; Witte 2007, 193). Die Tempovorteile in der Aufgabenbearbeitung bei zentralistischer Kommunikation reduzieren sich jedoch nach einiger Zeit der Aufgabenerledigung. Die vollständige Kommunikation ist bei komplexen Aufgabenstellungen effektiver. Auch lässt sich belegen, dass dezentrale Kommunikation mehr Informationsaustausch ermöglicht und in der Regel zu mehr Zufriedenheit bei den beteiligten Personen führt (Blickle 2004, 68f.).

Gut zu merken

Die formale Organisationsstruktur definiert Interaktions- und Kommunikationsregeln. Daneben finden sich deutliche interindividuelle Unterschiede in der Ausgestaltung der Teamkommunikation durch die Führungskraft. So ließen sich in Untersuchungen zum Problemlösungsverhalten von Führungskräften zwei Diskussionsstile unterscheiden: der aktiv-offene und der passiv-vermeidende (Gebert 2004, 94f.). Beim *aktiv-offenen Diskussionsstil* tauschen Gruppenmitglieder ihre Informationen offen aus, diskutieren Problemlösungsalternativen und haben dabei ein ausgewogenes Verhältnis von aufgabenzentriertem Gespräch und gruppendynamischen Belangen des Gruppenzusammenhalts.

> In Gruppen mit *passiv-vermeidendem Diskussionsstil* richtet sich die Kommunikation insbesondere auf den Erhalt der Gruppen. »Es geht bei dem Stil darum, dass man einander nicht wehtut und dass man das Bedürfnis nach gegenseitiger Akzeptanz, nach Einschluss und nach Konfliktvermeidung berücksichtigt« (ebd.).
> Eine positive Synergie – so schlussfolgert Gebert – zeigt sich am ehesten beim aktiv-offenen Diskussionsstil. Hier ist das Gruppenergebnis besser als das Einzelergebnis des kompetentesten Gruppenmitglieds. Die vorschnelle Konsensbildung und Harmonisierung des passiv-vermeidenden Stils führe zu einer deutlich niedrigeren Problemlösungsqualität.

Betrachtet man Kleingruppen, so fallen erhebliche Unterschiede in der Beteiligung der einzelnen Mitglieder an der Kommunikation auf (Witte 2007, 194). Zur Erklärung dieser Unterschiede liegen zwei empirisch belegte Einflussfaktoren vor:

1. Persönlichkeitsmerkmale. »Vielredner« besitzen beispielsweise ein größeres Selbstvertrauen, geringere Ängstlichkeit und die Fähigkeit auf andere Personen einzugehen (z. B. durch Lob, Problemlösungsvorschläge).
2. Ressourcen, die der Zielerreichung und der Verbesserung der Gruppenatmosphäre dienen: Eine größere Debattenbeteiligung zeigen Personen, die in diesem Sinne über mehr Informationen, Status, Güter und Dienstleistungen verfügen.

In seinen frühen Arbeiten zur Kleingruppenkommunikation konnte Bales (1951) drei Dimensionen ermitteln, die die Wahl anderer Personen in einer Gruppe (z. B. als Gesprächspartner*in) beeinflussen:

- dominant – unterwürfig
- freundlich – unfreundlich
- zielorientiert – emotional

Von diesen Dimensionen ausgehend bewerteten Gruppenmitglieder andere Personen in Kleingruppen nach Tüchtigkeit (Beiträge für das Gruppenergebnis) und Beliebtheit (Freundlichkeit, Beziehungsangebote). Beide Faktoren erwiesen sich dabei als unabhängig voneinander, das heißt, als sehr tüchtig beschriebene Personen wurden nicht immer als sehr beliebt wahrgenommen und sehr beliebte Personen nicht immer als sehr tüchtig. In diesem Sinne differenzieren Bales und Slater (1969) auch zwischen einem bzw. einer *Tüchtigkeitsführer*in*, der bzw. die sich auf die sachliche Problemlösung konzentriert, und dem bzw. der *Beliebtheitsführer*in*, bei dem bzw. der es sich um eine Person handelt, die sich stärker um den Gruppenzusammenhalt und die emotionalen Bedürfnisse der Gruppenmitglieder kümmert (Divergenztheorem der Führung; s. Weibler 2016, 148). Hier finden sich die beiden grundlegenden Dimensionen der Gruppenprozesse wieder: die Aufgaben- und die Beziehungsorientierung.

Besondere Herausforderungen in der Teamkommunikation liegen in dieser Doppelfunktion von Aufgaben- und psychoemotionaler Funktion der Teaminteraktion begründet. So begegnen sich unterschiedliche Haltungen und Arbeitsgrundsätze bei den Teammitgliedern. Diese finden sich unter anderem im Spannungsfeld von:

1. *Tradition und Innovation:* Etablierte und lange Zeit erfolgreiche bzw. bewährte Arbeitsweisen, Gruppenrollen, Gruppenregeln etc. sind aufgrund veränderter Rahmenbedingungen (z. B. gesetzlich, fiskalisch) mit der Notwendigkeit zur Weiterentwicklung des Dienstleistungsangebots und der Formen der Zusammenarbeit konfrontiert.
2. *Gleichheit und Differenz:* Der ursprüngliche Teamgedanke geht von einer egalitären Struktur und dem Ideal der Selbstorganisation aus. Er hob sich damit bewusst von dem traditionell hierarchisch angelegten Organisationsverständnis ab. Insofern gibt es unter Fachkolleg*innen auch die Diskussion, ob eine innere Differenzierung im Team (z. B. Teamleitungsfunktion, spezielle Zuständigkeiten und Machtunterschiede) nicht dem Teamgedanken widerspricht.
3. *Harmonie und Wettstreit:* Ein Team entwickelt ein Wir-Gefühl unter anderem durch gemeinschaftliche Erfahrungen (z. B. Teamtage, -ausflüge). Dieser Zusammenhalt (Gruppenkohäsion) wird insbesondere durch gemeinsam bewältigte Herausforderungen und Krisen gestärkt

(Gebert 2004, 82 ff.). Andererseits stellt der Wettbewerb ein Instrument zur Optimierung von Arbeitsprozessen dar. Das Lob der Teamleitung einzelnen Mitgliedern gegenüber oder die Offenlegung der Einzelbeiträge stellt ein Instrument des »gesunden« Wettstreites dar. In psychologischen Studien hat sich die Offenlegung als Beitrag zur Erhöhung der Motivation und Ergebnissteigerung erwiesen (Schultz-Hardt & Brodbeck 2007; van Dick & West 2013).
4. *Formalisierung und Flexibilität:* Die Teamprozesse basieren auf strukturellen Vorgaben (z. B. Arbeitsverträge, Stellenbeschreibungen, Arbeitsorganisation; ▶ Kap. 4.2). Viele Elemente der Formalisierung sind in diesem Sinne Kontroll- und Steuerungsinstrumente. Diese können jedoch mit der für die bedarfsorientierte Klient*innenarbeit notwendigen Flexibilität der Arbeitsformen und -ziele in Konflikt geraten.

Wie es in der Teamkommunikation gelingt, mit den beschriebenen Widersprüchen in Teams umzugehen, hängt unter anderem davon ab, wie der Umgang mit Meinungsverschiedenheiten und Konflikten erfolgt (▶ Kap. 3.5) und inwiefern die Kontroversen für die Weiterentwicklung der Teamarbeit genutzt werden.

Teamkommunikation ist das zentrale Medium der Zusammenarbeit, sie sozialisiert neu hinzukommende Mitglieder und bildet die geteilten Normen und Werte des Teams ab (Witte 2007; Balz 2017). Wichtiges Medium sind dabei die Teambesprechungen. Eine Gestaltungsfrage in Teamsitzungen gilt der *Rollenverteilung.* Traditionell liegt die Sitzungsleitung bei der Teamleitung. Dies führt jedoch häufig zu einer Rollenüberschneidung, wenn die Teamleitung in der inhaltlichen Debatte eigene Ansichten vertritt und gleichzeitig den Gesprächsprozess moderiert. Zur Entlastung der Leitung und um Rollenüberschneidungen zu vermeiden, empfiehlt Herwig-Lempp (2012, 176 ff.) sich im Kernteam mit der *Gesprächsleitung abzuwechseln.* Diese Rotation in der Gesprächsführung erhöht bei allen das Bewusstsein für die herausfordernde Aufgabe der Sitzungsleitung und jedes Teammitglied erwirbt bzw. übt in dieser Funktion wichtige Moderationskompetenzen.

Zur *Struktur:* Die Besprechungspunkte sollten vor einer Teambesprechung für alle sichtbar aushängen, wobei es den Teammitgliedern möglich sein sollte, Punkte zu ergänzen. Die Teamsitzungen brauchen eine Ergebnissicherung, das heißt eine die Ergebnisse und die Maßnahmenplanung beinhaltende Dokumentation (*Wer* macht *was* bis *wann* mit *wem* zusammen, *wie* wird dies überprüft?) (▶ Kap. 5.3). Zu Beginn der Teamsitzung gilt es das Protokoll der letzten Sitzung (mit den vereinbarten Maßnahmen) als Grundlage der Überprüfung der vereinbarten Teamaktivitäten zu besprechen.

Zu den *Inhalten:* Um die Lernanteile in der Teamkommunikation zu stärken, sollte neben den zahlreichen Informations- und Organisationspunkten in den Teamsitzungen gezielt die Reflexion von herausfordernden pädagogischen Situationen oder Neuerungen im psychosozialen Bereich als Besprechungspunkte integriert werden.

In der Teamkommunikation neigen Gruppenmitglieder dazu, sich wechselseitig in der Mehrheitsmeinung und in verbindenden Werten und Normen zu bestätigen (Schultz-Hardt & Brodbeck 2007). So ergibt sich häufig der Eindruck, nichts wirklich Neues erfahren zu haben. In dieser Situation sollte dem ungeteilten Wissen (z. B. dem Wissen einzelner Spezialisten) eine größere Chance gegeben werden, gehört und in der Entscheidungsfindung berücksichtigt zu werden (Witte 2007, 199 ff.).

Zur *Gesprächsführung:* Für den kollegialen Austausch ist eine fehlerfreundliche Gesprächskultur von großer Wichtigkeit (Balz 2017, 114 ff.). Diese geht von dem Grundsatz aus, Fehler im Arbeitsalltag als Lernchance zu sehen und dementsprechend wertschätzend mit Beiträgen umzugehen, die die eigene Unzulänglichkeit und eventuell auch Hilflosigkeit in der Klient*innenarbeit offenbaren. Die Gesprächsform kann, beispielsweise bei komplexeren Beratungsthemen, bewusst die Zuweisung der Beobachterrolle an einzelne Personen vorsehen (z. B. im reflektierenden Team, s. von Schlippe & Schweitzer 2013, 335 ff.), um in die Besprechung vielfältige Wahrnehmungen und Hypothesen zum Thema einzubinden. Es empfiehlt sich gelegentlich Dialogimpulse vorzugeben, zum Beispiel in die Anfangsrunde zur Befindlichkeit einen Kurzkommentar zu einer eigenen beruflichen »Sternstunde« wie einem Erfolg in der letzten Arbeitswoche zu integrieren.

Gut zu merken

Teamarbeit braucht eine konstruktive Kommunikationskultur, eine fehlerfreundliche Arbeitsauffassung und die vertrauensvolle wechselseitige Unterstützung. Dabei geht es darum, konstruktiv mit Unterschieden umzugehen, diese im Ringen um die beste Lösung zu nutzen (hier auch Aufgabenkonflikte zuzulassen) und Beziehungskonflikte frühzeitig zu erkennen und präventiv zu bearbeiten. Die Teamkommunikation bildet die Regeln, Normen und Werte in einem Team ab. Insofern ließe sich sagen: Zeigt mir eure Teamkommunikation und ich sage euch, was für ein Team ihr seid.

Teamarbeit beruht auf dem Prinzip der Partizipation – die Beteiligung der Teammitglieder verbessert in vielfältiger Weise das Gesamtergebnis. In diesem Sinne gilt es auf die Offenheit in der Teamkommunikation zu achten, sodass jedes Teammitglied seine Kompetenzen und seine Kreativität zur Weiterentwicklung des Dienstleistungsangebots einbringen kann.

4.5 Teamresilienz

Psychosoziale Arbeit ist durch eine Vielzahl von Herausforderungen geprägt. Mit dem Beruf der Sozialarbeiter*in verbindet sich ein erhebliches Risiko von Überlastung, Selbstausbeutung und Burn-out (Zito & Martin 2021; Juchmann 2022). Insofern gilt es die Potenziale von Teams zur gemeinschaftlichen Vorbeugung und gesundheitsförderlichen Gestaltung der Teamarbeit in den Blick zu nehmen. Auf der individuellen Ebene finden sich verschiedene Konzepte der Achtsamkeit sowie der Selbstfürsorge und Selbstführung (Balz & Heisig 2022). Sucht man auf der Teamebene nach Konzepten, so bietet die Teamresilienz einen innovativen Ansatz zur Stärkung der Krisenkompetenz (Bentner & Jung 2022).

4.5 Teamresilienz

> **Resilienz**
>
> Der Begriff Resilienz stammt ursprünglich aus der Materialprüfung (engl. resilience: Strapazierfähigkeit, Elastizität, Spannkraft). Mit Resilienz verbindet man »die Fähigkeit, sich Veränderungen anzupassen, Rückschläge zu verkraften und trotzdem eine positive Einstellung zu bewahren – in der eigenen Kraft zu bleiben oder sie wieder zu erlangen« (Hettenkofer 2023, 24f.). Insbesondere die Stärkung der Belastbarkeit und ein entwickeltes Wir-Gefühl im Team verbinden sich mit der Teamresilienz.
>
> Die Resilienzforschung untersucht die Frage nach der Bewältigung von bzw. dem Schutz vor belastenden Lebensereignissen und leitet daraus Empfehlungen für die Prävention, für Trainings- und Bildungsmaßnahmen für Kinder, Jugendliche und Erwachsene ab (Fröhlich-Gildhoff & Rönnau-Böse 2022, 14ff.).
>
> Teamresilienz sucht nach Antworten, wie Teams zur Gesundheitsförderung und Stressbewältigung ihrer Mitglieder beitragen können. »Es geht darum, sein Team zu unterstützen, die gemeinsame Fähigkeit zu entwickeln, um Krisen leichter zu meistern […]« (Hettenkofer 2023, 73).

Teamresilienz ist ein gemeinsamer Prozess, an dessen Startpunkt eine klare Entscheidung für die Stärkung der Teamresilienz stehen muss. Auch braucht es für den Prozess Mut, Risikobereitschaft Durchhaltefähigkeit. Dazu gehört es Herausforderungen zu überwinden, kleine Veränderungen wahrzunehmen und zu würdigen. Die zur Resilienz beitragenden Aspekte kombiniert Hettenkofer (2023, 69ff.) in dem von ihr entwickelten Resilienzrad. Diese Aspekte sind:

1. die Erarbeitung eines attraktiven Zukunftsbildes (einer gemeinsamen Vision), da eine gemeinsame und lohnenswerte Zukunft verbunden mit einer Wertebasis als Inspiration und Energielieferant für das Team dient
2. die Macht des Vertrauens, das heißt die Förderung vertrauensvoller Beziehungen und Kommunikation

3. der Sinn als Kraftquelle, das heißt den persönlichen und beruflichen Sinn reflektieren und als Quelle des Zusammengehörigkeitsgefühls und der gemeinsamen Erfolge in der Arbeit erleben
4. die radikale Akzeptanz, das heißt die nicht änderbaren Bedingungen im Arbeitskontext akzeptieren und gelassen damit umgehen und sich mit seiner Energie auf das konzentrieren, was mit eigenen Mitteln beeinflussbar ist (wobei unterschieden wird zwischen dem Bereich von Aufgaben, der kontrollierbar ist, und dem, der nicht kontrollierbar ist)
5. Selbstwirksamkeit und Handhabbarkeit, das heißt die Stärkung einer Denkhaltung, die systematisch die Arbeitserfahrungen auswertet, darin Lernchancen und Handlungsoptionen sucht sowie Zuversicht und Optimismus stärkt
6. die Kompetenzen im Team sichtbar und für die Aufgaben optimal nutzbar machen
7. das Lernen und die Entwicklung im Prozess der Förderung der Teamresilienz über kleine und große Veränderungen reflektieren und diese unterstützen
8. die Förderung von transparenter und achtsamer Kommunikation, das heißt die Entwicklung und Pflege einer vertrauensvollen Dialogkultur

> **[?] Reflexionsaufgabe für zusammenarbeitende Teams: Übung zur radikalen Akzeptanz**
>
> (Zeitbedarf je nach Teamgröße sehr unterschiedlich: Mindestbedarf 120 Min.; Durchführung auch in zwei Teamsitzungen möglich: erste Sitzung Schritt 1–3, zweite Sitzung für die folgenden Prozessschritte)
>
> Diese Übung (orientiert an Hettenkofer 2023, 127 ff.), die als Vertiefung zu Punkt 4 dient, ist für Teams, die beispielsweise an gemeinsamen Projekten zusammenarbeiten, geeignet.
>
> 1. Tragen Sie die in Ihrem Team schwer zu lösenden Themenstellungen zusammen (bitte in kleinere Teilthemen differenzieren) und notieren Sie diese auf Moderationskarten.

4.5 Teamresilienz

2. Legen Sie auf dem Boden ein Seil in Kreisform aus und markieren Sie – anhand je einer Moderationskarte – das Innere des Kreises als »Kontrollbereich« und den äußeren Bereich als »ohne Einfluss«
3. Fragen Sie sich im Team nun, wo die einzelnen Themenkarten hingehören. Können Sie das Thema kontrollieren oder haben Sie keinen Einfluss darauf? Wählen Sie für jede Karte einen Platz innerhalb oder außerhalb des Kreises. Dabei können Sie die Themen, auf die sie begrenzt Einfluss ausüben können, auf die Kreislinie legen.
4. Besprechen Sie nun, wie Sie ihre Akzeptanz für die nicht kontrollierbaren Themen erhöhen können. Wie schaffen Sie diesbezüglich ein Mehr an Gelassenheit?
5. Was können Sie für den Fortschritt der Themen im inneren Kreis tun? Was tun Sie schon? Wo ist es sinnvoll gemeinsam noch mehr zu tun?
6. Vereinbaren Sie Maßnahmen und Verantwortlichkeiten zu den zusammengetragenen Möglichkeiten, gemeinsam einen Fortschritt zu erreichen.

Es muss an dieser Stelle auf eine Gefahr hingewiesen werden: Mit der Popularität des Resilienzkonzepts ist auch die fälschliche Nutzung des Konzepts im Sinne einer Anleitung zur Selbstoptimierung verbunden (Böhme 2019, 11 f.). Resilienz soll die psychische Gesundheit, den kompetenten Umgang mit kritischen Lebensereignissen, die Arbeitszufriedenheit und den Teamzusammenhalt fördern. Sie ist kein unveränderliches Persönlichkeitsmerkmal, sondern jeweils für eine Lebensphase und einen Lebensbereich einzuschätzen.

Weiterführende Literatur

Hettenkofer, Brigitte (2023): Teamresilienz. Göttingen: BusinessVillage.
Merchel, Joachim (2015a): Leitung in der Sozialen Arbeit: Grundlagen der Gestaltung und Steuerung von Organisationen (3. Aufl.). Weinheim: Beltz Juventa.
Pukall, Kai-Marian (2023): Selbstorganisation im Team. München: Verlag Franz Vahlen.

Wegge, Jürgen & Rosenstiel, Lutz v. (2014): Führung. In: Heinz Schuler & Klaus Moser (Hrsg.): Lehrbuch Organisationspsychologie (5. vollst. überarb. Aufl., S. 315–368). Bern: Huber.

Zito, Dima & Martin, Ernest (2021): Selbstfürsorge und Schutz vor eigenen Belastungen für soziale Berufe. Weinheim: Beltz.

5 Analyse und Interventionen zur Teamarbeit

> **Überblick**
>
> Dieses Kapitel stellt Teamentwicklung, -supervision und -coaching mit ihren Zielen, Strukturen und Inhalten vor. Es beginnt mit Fragen der Analyse der *Ist*-Situation (z. B. Teamklima, -kommunikation, -rollen). Dem folgen die verschiedenen Formate der Intervention, wobei sowohl die niederschwellige kollegiale Fallberatung wie auch der längerfristige Prozess der Teamentwicklung beschrieben werden. Abschließend behandelt ein Canvas zur Team-DNA (Themen: Mission, Vision und Purpose) Fragen zur Basis des Teamzusammenhalts und gibt dazu praktische Übungshinweise.

5.1 Analyse der Teamarbeit

Zu Beginn einer Teamentwicklung, -supervision oder eines -trainings gilt es zu analysieren, welche Themen bzw. Probleme bearbeitet werden sollen. Die Auftragsklärung geschieht beispielsweise in der Teamsupervision als eine Reflexion folgender Eingangsfragen: Woran wollen wir heute arbeiten? Welchen Nutzen hätte die Veränderung – für mich, für das ganze Team, für die Klient*innen? Woran werde ich, werden wir, werden unsere bzw. Klient*innen erkennen, dass sich etwas geändert hat? Was bremst die Teamzusammenarbeit aktuell am stärksten?

Der Vorteil dieser oft angewandten Ad-hoc-Eindrücke zur Teamsituation ist die direkte, von den Teammitgliedern selbst geleistete und für alle Anwesenden transparente Benennung von inhaltlichen und emotional besetzten Themen. Diese Form der Exploration bzw. Gruppenreflexion erfüllt nicht die Kriterien einer professionell gestalteten Teamdiagnostik (s. Kauffeld & Schulte 2014). Nachteile dieser explorativen Vorgehensweise (im Unterschied zu einem standardisierten Fragebogen) sind die Selektivität der Nennungen durch die einzelnen Teammitglieder und die Form der sprachlichen Beschreibung. So braucht es Mut und Selbstbewusstsein, um ein Problem anzusprechen, wenn andere Teammitglieder dies möglicherweise anders sehen bzw. dem nicht zustimmen. Dementsprechend können einige Anliegen im Teamforum ungesagt bleiben, während andere unspezifisch (sozial erwünscht) formuliert werden. Auch bleibt die Frage offen, wie präzise das Thema bzw. das Problem durch die Mitarbeitenden benannt wird.

Kauffeld und Schulte (2014, 162) kritisieren, dass in Organisationen häufig nur allgemeine Zufriedenheitsmessungen stattfinden. Hier gilt es die mitarbeiterbezogenen psychoemotionalen Faktoren (z. B. Teamklima, Arbeitszufriedenheit) durch aufgabenbezogene Faktoren (z. B. Teamreflexivität, Rollenklarheit, Fehlerkultur) zu ergänzen (van Dick & West 2013, 52 ff.).

Teamdiagnostik

Teamdiagnostik stellt eine Informationssammlung von Teamparametern dar, um die *Ist*-Situation zu beschreiben und davon ausgehend Ziele für die Teamentwicklung (*Soll*-Situation) oder andere betriebliche Maßnahmen zu bestimmen. Teamdiagnostik kann im Sinne einer Vorher-Nachher-Messung auch zur Evaluation von Teamentwicklung, -supervision oder -training eingesetzt werden.

Die Instrumente der Teamdiagnostik unterscheiden sich im Grad ihrer Standardisierung (standardisiert vs. unstandardisiert), in der Methodik (Fragebögen, Interaktionsbeobachtungen, explorative Verfahren; Einzel- und Gruppendiagnostik) und der Art der Auswertung (normierte Quantifizierung vs. selbstreflexive Standortbestimmung der

> Teammitglieder). Jede Form der Teamdiagnostik wirkt auf Teamprozesse, sodass sie gleichzeitig immer eine Intervention darstellt. Besonders anspruchsvoll sind interaktive Verfahren der Teamdiagnostik (z. B. Teamaufstellung, Rollenspielübungen), da der*die Trainer*in dabei auch immer Teil des (Interaktions-)Systems ist (Gellert & Nowak 2010, 213).

Die Frage nach dem *Wie* des Messens ist in der Teamdiagnostik durch die Frage nach dem *Wer* und *Was* des Erfassens von Teammerkmalen zu ergänzen. Zum *Wie:* Die anonyme Informationssammlung ermöglicht es, Interaktionseffekte und die Wirkung von Effekten der sozialen Erwünschtheit (»Ich antworte so, wie ich denke, dass die Gruppe es von mir erwartet«) im Antwortverhalten zu verringern. Dafür spricht der Einsatz von Fragebögen, die in Einzelarbeit auszufüllen sind und anonymisiert ausgewertet werden.

Die Frage des *Wer* richtet sich auf die Personen und das Setting. Neben der Standortbestimmung aller Teammitglieder im Plenum kann es für eine größere Beteiligung sinnvoll sein, dass Kleingruppen gebildet und so die Themen intensiver besprochen und dann im Plenum vorgestellt werden. Auch können in die Standortbestimmung andere relevante Akteur*innen (z. B. Klient*innen, andere Organisationsmitglieder) einbezogen werden, wenn neben der Innenansicht des Teams auch die Fremdbeobachtung bzw. die Beschreibung von Aufträgen, Wünschen und Erwartungen für die Teamarbeit bedeutsam sind.

Bei der Frage nach dem *Was* unterscheiden Kauffeld und Schulte (2014, 162) zwischen prozessanalytischen und strukturanalytischen Verfahren. *Prozessanalytische Verfahren* richten sich auf die Verhaltensbeobachtung der Teammitglieder, beispielsweise in einer Teambesprechung. Die Beobachtung erfolgt durch externe geschulte Personen, die dem Team eine Außenbeschreibung der Teamsituation geben. Den Vorteil sehen die Autorinnen insbesondere in dem hohen Informationswert, der Detailgenauigkeit und der adäquaten Beschreibung der beobachteten Teamsituation. Nachteilig sind der hohe Zeitaufwand und die Notwendigkeit extern geschulter Beobachter*innen (zu Methoden der Beobachtung s. Martin & Wawrinowski 2014).

5 Analyse und Interventionen zur Teamarbeit

Strukturanalytische Verfahren arbeiten mit Fragebögen, die die subjektive Sicht der Teammitglieder erfasst. Der hohe Standardisierungsgrad und die leichte Auswertbarkeit der Fragebogendaten sprechen für diese Verfahren. Dabei ist allerdings zu berücksichtigen, dass diese Selbstbeschreibung durch subjektiv gefärbte Einschätzungen (Reaktivität) und die Wirkung von Erinnerungseffekten beeinflusst sind. Thematisch interessante Fragebögen haben beispielsweise van Dick und West (2013, 59 ff.) zur Teamreflexivität, Beck und Fisch (2003) zu den Teamrollen und Kauffeld (2004) zur Zusammenarbeit im Team entwickelt.

Abb. 7: Kompetenznetz der Teamarbeit (orientiert an Neumann-Wirsig 2017, 158)

Im Folgenden werden beispielhaft ein Instrument zur Selbsteinschätzung wichtiger Teilaspekte der Teamarbeit und ein interaktives Instrument der Teamaufstellung vorgestellt. Neumann-Wirsig (2017, 156 ff.) entwickelte das *Kompetenznetz zur Teamarbeit* für die Supervision und Teamberatung. Mit dem Skalierungsinstrument können Teams auch eigenständig ihre Teamarbeit anhand von insgesamt zwölf Teilaspekten einschätzen

(▶ Abb. 7). »Ziel ist, die gelingenden Bereiche der Zusammenarbeit in einem Team relativ rasch und unter Mitwirkung aller Teammitglieder und der Leitung zu visualisieren und erlebbar zu machen« (Neumann-Wirsig 2017, 156 ff.).

Die Autorin schlägt vor, die Einschätzung der Stärken und Schwächen der Teamarbeit (Skalierung zwischen 0 und 10) von allen Teammitgliedern (maximal zwölf Personen) auf einem Flipchart eintragen zu lassen und anschließend die Gemeinsamkeiten und Unterschiede in Kleingruppen zu besprechen. In diesen gilt es dann auch die Kriterien für die weitere Verbesserung in den einzelnen Themenbereichen zu erörtern (Frage: Woran lässt sich eine Verbesserung des jeweiligen Aspekts erkennen?) und die Kleingruppenergebnisse im Plenum vorzustellen. Auf dieser Basis können dann Vereinbarungen über gemeinsame Anstrengungen zur Verbesserung der Teamarbeit getroffen werden.

Methodenvorstellung: das Teamogramm

Ein Instrument, das sich mit der Teamgeschichte beschäftigt, ist das *Teamogramm*. Es nutzt die Visualisierung durch eine Zeitlinie, um wichtige Aspekte der Teamhistorie – repräsentiert durch die langjährigen Teammitglieder – nachzuzeichnen, wertzuschätzen und die Teamentwicklung fortzuschreiben (Balz 2023). Gestärkt werden auch der Gruppenzusammenhalt und die Identifikation mit den gemeinsamen Zielen. Ausgangspunkt sind die Einstiegserfahrungen, Wünsche und Visionen der Teammitglieder, dadurch werden Teamressourcen sichtbar und lassen sich zu einer gemeinsamen Zukunftsvision bündeln.

Der Einsatz des Teamogramms empfiehlt sich, wenn der Wunsch geäußert wird, sich mit der Entwicklung und den Zukunftsperspektiven des Teams zu beschäftigen. Dazu ist es dann sinnvoll, vor Beginn der Arbeit mit dem Teamogramm die mit dem Anliegen verbundenen Ziele zu erfragen.

Die einzelnen Teammitglieder werden mit ihren Einstiegserfahrungen entsprechend ihrer Mitarbeitsdauer zu Wort kommen, beginnend mit der Person, die am längsten im Team ist. Nachdem sich jeder eingebracht hat, erarbeitet das Team auf Basis der Ressourcen der Teammitglieder ein Motto für die gemeinsame Zukunft des Teams (z. B. Festigung des Teamzusammenhalts, der Kundenbeziehung und/oder der zukunftsfähigen Dienstleistungsangebote). Es folgen eine gemeinsame Abschlussreflexion zu dieser Übung und weitere kleine Schritte in der Teamentwicklung.

Bei der Erfassung des *Ist*-Zustandes des Teams und der Wahl der Methoden dafür gilt es immer zu bedenken, wie die Ergebnisse im Prozess der Intervention (Veränderungsarbeit) und schlussendlich für die Weiterentwicklung der Teamarbeit genutzt werden können.

Auch gilt es zu klären, welche Maßnahmen mit eigenen »Bordmitteln« (z. B. die kollegiale Fallberatung; ▶ Kap. 5.3) machbar sind und wann externe Fachkräfte hinzugezogen werden sollten.

5.2 Interventionen zur Weiterentwicklung der Teamarbeit

Interventionen sind systematisch geplante, zielgerichtet durchgeführte und abschließend in ihrem Ergebnis reflektierte Maßnahmen zur Veränderung von Strukturen, Abläufen, Verhaltensweisen, Erleben und Denken. Interventionen haben (idealerweise) eine theoretische Grundlage bzw. Begründung und sind mit ihren Verfahrensschritten differenziert beschrieben. Auch gibt es empirische Belege zu ihrer Wirksamkeit (Evaluationsstudien).

Interventionen im betrieblichen Kontext sollen die Lern- und Anpassungsfähigkeit der Akteur*innen in einer sich ändernden Umwelt verbessern. Sie können sich auf die Ebene der Organisation, des Teams und/oder der einzelnen Mitarbeitenden richten (zur Organisationsentwicklung s. Kals 2006, 48 ff.; Pühl 2020). Es ist bei den Angeboten externer Fachpersonen insbesondere zwischen Training, Beratung, Supervision und Coaching zu unterscheiden (Balz & Plöger 2015, 42 ff.).

5.2 Interventionen zur Weiterentwicklung der Teamarbeit

Gut zu merken

Wenn man sich dem Ziel der Gestaltung von wirksamen Interventionen nähern will, so können sogenannte Hochleistungsteams (z. B. medizinische Rettungsdienste, Formel-1-Mannschaften) Hinweise auf das Funktionieren von Teamarbeit geben. Busch und von der Oelsnitz (2018, 32 ff.) benennen folgende Grundvoraussetzungen für eine effiziente Kooperation: starke Zielorientierung und Identifikation mit dem Team, Achtsamkeit für den Arbeitskontext und relevante Veränderungen, Flexibilität in der Aufgabenkoordination und Teamführung, ein präzises Rollenverständnis und die Überschneidung von Aufgabengebieten (zwecks Kompensation bei Fehlern) sowie Lernbereitschaft und Reflexionsfähigkeit der Teammitglieder zur Prozessoptimierung.

Obermeyer und Pühl (2015, 32 ff.) heben ergänzend für leistungsfähige Teams die Bedeutung des offenen Umgangs mit Wissen (das den Kolleg*innen zur Verfügung gestellt wird), das Vertrauen der Mitarbeitenden untereinander, die Akzeptanz von Führung und das Verbesserungsstreben (Wunsch nach kontinuierlicher Verbesserung der Arbeit) hervor.

Darüber hinaus gilt es, sich über die verschiedenen Rollen der Teammitglieder und ihre jeweilige Perspektive auf die Teamprozesse auszutauschen und sich wechselseitig Feedback zu geben.

Die im Folgenden beschriebenen Interventionen setzen auf der Ebene des Teams und aller mit der Teamarbeit zusammenhängenden Aspekte an. Insbesondere geht es dabei um die Beziehungen der Teammitglieder untereinander, ihr Denken, Fühlen und/oder Handeln in der Teamkooperation und die Weiterentwicklung der Zusammenarbeit.

5.3 Teamentwicklung

Teamentwicklung ist ein Sammelbegriff von Maßnahmen, die auf eine Verbesserung der Teamzusammenarbeit hinwirken sollen. Sie besteht in der Regel in einem längeren Veränderungs- bzw. Lernprozess, der sich mit Fragen der aufgabenorientierten, strukturellen und psychoemotionalen Aspekte des Teams beschäftigt. *Aufgabenorientierte Aspekte* sind die Effektivität, die Effizienz und die Optimierung von Fertigungs- und Kommunikationsprozessen. *Strukturelle Aspekte* betreffen die Kommunikations- und Entscheidungswege (z. B. Bildung von themenbezogenen Arbeitsgruppen, Gremien). Die *psychoemotionalen Aspekte* finden sich im Teamklima, in der Arbeitszufriedenheit, im Zusammengehörigkeitsgefühl (Wir-Gefühl) und in der Bindung der Teammitglieder an die Organisation (Commitment) wieder.

In die Teamentwicklung fließen unter anderem Methoden aus der Organisations- und Kommunikationspsychologie, der Gruppenpädagogik, der Verhaltenstherapie und der Psychoanalyse ein. Der Begriff ist nur unzureichend von dem des Teambuilding abgegrenzt. Meist wird mit Teambuilding eine Maßnahme bezeichnet, die die Entstehung eines Teams unterstützen soll. Demgegenüber kann Teamentwicklung zu jedem Zeitpunkt jeweils anlassbezogen initiiert werden. Kauffeld und Schulte (2014, 160) benennen als Anlässe von Teamentwicklung neben der Neubildung eines Teams das Fehlen von Regeln und Strukturen, negative gruppendynamische Prozesse, Ineffektivität, mangelnde Kommunikation, Konflikte und deren Eskalation sowie den Abschluss eines Projekts.

Als Grundlage von Teamentwicklungsprozessen wird in der Literatur häufig das Modell von Tuckman (1965) herangezogen (mit den Phasen des Forming, Storming, Norming und Performing; ▶ Kap. 2.1). Neben der Bezeichnung der einzelnen Entwicklungsphasen liefert das Modell Hinweise darauf, wie Teamentwickler*innen den Prozess der Teamentwicklung unterstützen können. So sind in der Einstiegsphase (*Forming* – Orientierungsphase) die Kommunikation sowie das Kennenlernen der Teammitglieder und der Aufgabenstellung in einem sicheren organisatorischen Rahmen zu gewährleisten. In der zweiten Phase (*Storming* – Klärungsphase) geht es dann um die Rollenklärung, die differenzierte Aufgabenaufteilung und die Bildung von Untergruppen, wobei in dieser Phase auch Konflikte und Rivalitäten zu bearbeiten sind. Die sich anschließende Etablierungsphase *(Norming)* konzentriert sich auf die Vereinbarung von Regeln und Normen sowie die Erarbeitung gemeinsamer Werte in der Teamarbeit. In dieser Phase findet sich eine deutlich größere Akzeptanz der Aufgaben und Rollenverteilung. Die Phase des *Performing* (Aufgabenausführung) kann sich dann auf eine funktionierende Aufgabenstruktur stützen. Hier geht es um das Feintuning, das heißt die Abstimmung einzelner Teilaufgaben und -prozesse zwischen den Teammitgliedern. Auch ist es sinnvoll sich der Optimierung der Arbeitsmethoden zuzuwenden.

Dieses Modell hat insbesondere in permanenten Teams Anwendung gefunden. Es erscheint jedoch notwendig, die Arbeitsschritte in der Teamentwicklung flexibel an die Anliegen und Themenfelder des jeweiligen Teams anzupassen und gegebenenfalls auch Phasen wiederholt zu durchlaufen.

Alternativ zur gruppendynamisch geprägten Teamentwicklung lässt sich die Teamentwicklung auch als sukzessiver Prozess des Teamlernens gestalten (▶ Abb. 8). Von der Grundidee der Aktionsforschung ausgehend wären hier nach Prozessschritten der Informationssuche (Schwerpunkt Forschung/Analyse, z. B. Mitarbeiter*innenbefragung, Organisationsanalyse) jeweils auf der Basis der gewonnenen Erkenntnisse handlungsorientierte Maßnahmen (z. B. themenbezogene Workshops oder Trainings) durchzuführen.

So könnte in einem ersten Kontaktgespräch mit der Institutionsleitung das Ziel bzw. der Anlass und die Rahmenbedingungen für die Teamentwicklung (z. B. Zeitdauer, Themenfelder, Kostenrahmen) besprochen werden. Anschließend kann dann ein erster explorativer Workshop geplant werden, dessen Schwerpunkt das Kennenlernen der Teammitglieder sowie ihrer Anliegen und Aufträge bildet. Die Ergebnisse und gegebenenfalls eine weitere Informationssuche nach Organisationsparametern (z. B. Stakeholder-Analyse, Fehlerkennwerte) bilden die Grundlage für den zweiten themenbezogenen Workshop. Dieser ist dann auszuwerten, um Schlussfolgerungen für den weiteren Bedarf und die Themenstellungen abzuleiten und dann wieder eine Handlungsphase mit Workshop, Coaching, Supervision oder Ähnlichem anzuschließen usw.

5 Analyse und Interventionen zur Teamarbeit

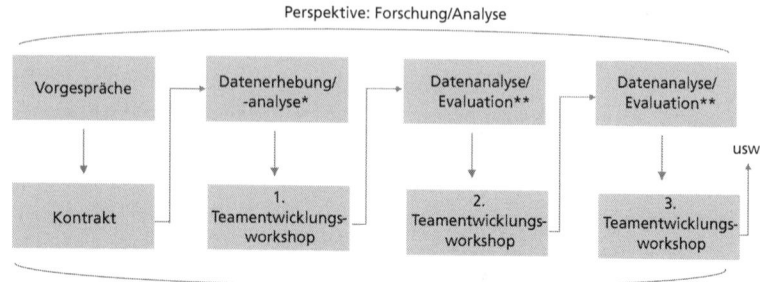

Abb. 8: Teamentwicklung als rollierender Prozess des Teamlernens (orientiert an Comelli 2003, 176)
Legende: * Befragung der Mitarbeitenden beispielsweise zu Kooperation, Entwicklungsbedarf, Arbeitszufriedenheit, Entwicklungswünschen; Datenanalyse von Dokumenten (z. B. Dienstbesprechungen, Kundenreklamationen)
** Befragung der Mitarbeitenden, z. B. zur Workshop-Auswertung, zur Veränderung der Zusammenarbeit und Kommunikation

Hofert und Visbal (2021, 81) stellen ein Modell der Teamentwicklung vor, das zwischen dem Erschaffen (z. B. neuer Teamstrukturen) und dem Erhalten bzw. Erreichen (z. B. Optimierung von Teilprozessen) vermittelt. Prozessbezogen suchen die Autor*innen eine Anlehnung an das Modell von Tuckman. Methodisch-thematisch wird dabei Teamentwicklung als Startpunkt herangezogen und bedarfsorientiert mit Teamcoaching kombiniert.

Der Beginn der Teamentwicklung dient dem Vertrauensaufbau verbunden mit Fragen zur Gruppenbildung und zur persönlichen Zielsetzung in der Mitarbeit. Weiterführend kann sich die Arbeit auf die Analyse der Kompetenzen und weiterer Ressourcen im Team richten, um dann auch Fragen der Gruppenstruktur, der Rollen und Hierarchien zu klären. Am Ende eines Teamprozesses, beispielsweise in einem Projektteam zur Entwicklung eines neuen Konzepts, geht es um die Bilanzierung des Arbeitsprozesses, der Arbeitsergebnisse, des Gruppenprozesses und der Lernerfahrungen. Zentral ist dabei die Förderung einer reflexiven, lernoffenen und fehlerfreundlichen Haltung bei den Teammitgliedern.

Hofert und Visbal (2021, 84) weisen auf die bei den Teamentwickler*innen notwendige thematische Flexibilität hin, das heißt, dass es gilt die Themen und Methoden je nach Entwicklungsstand und Bedarf des Teams auszuwählen. Insbesondere bei Teams, die Selbstorganisation anstreben bzw. bereits selbstorganisiert sind, gilt es die Arbeitsformen, Themen und Methoden darauf abzustimmen (s. Pukall 2023).

> **Methodenvorstellung: Kanban**
>
> Aus der agilen Methodenentwicklung stammt das Kanban als Methode der Prozesssteuerung (Brinkmann & Schattenhofer 2022, 88). Das Kanban ist ein Arbeitsinstrument, durch das in der Projektarbeit die Teilaufgaben und deren Erledigung für alle Teammitglieder sichtbar gemacht werden. Das Kanban visualisiert auf einer großen Tafel die Teilaufgaben des Projektteams – beispielsweise die Teilaufgaben einer Veranstaltungsplanung – und unterscheidet diese durch Zuordnung in Spalten nach ihrem Fortschritt von »zu tun« bis »erledigt und evaluiert«. Ziel ist es, die Anzahl der Aufgaben handhabbar bzw. leistbar zu halten (Grundsatz: »eins nach dem anderen«). Zur Vermeidung von Überlastung gibt es für die Projektarbeiten auch eine Kategorie »verschoben«. Jede Teilaufgabe (jeweils auf einer Moderationskarte) wird dann je nach Bearbeitungsstand in den verschiedenen Spalten positioniert. In den regelmäßigen Kurzbesprechungen des Projektteams wird über den Arbeitsfortschritt und gegebenenfalls über Umsetzungsprobleme berichtet (s. auch Pukall 2023, 82ff.).
>
> Das Kanban stärkt die Transparenz und Handhabbarkeit der Aufgaben. Es empfiehlt sich insbesondere in Innovations- und Projektteams sowie in virtuellen Kooperationsformen.

5.4 Teamsupervision und -coaching

Ergänzend zur Teamentwicklung sind Teamsupervision und -coaching Methoden, die sich auf aktuelle Fragen der Selbstklärung im Team, der Reflexion der Teamidentität und der anlassbezogenen Problembearbeitung bzw. -lösung richten. Ursprünglich wurde Supervision als Teil der Psychotherapieausbildung zur Selbstreflexion, zum Methodenlernen und zur Entwicklung eines professionellen Selbstverständnisses angewandt (Schreyögg 2010, 18). Bei den Formaten von Supervision ist zwischen fallbezogener und team- bzw. organisationsbezogener Supervision zu unterscheiden. *Teamsupervision* wird von Supervisor*innen angeboten, die neben einer grundständigen Ausbildung bzw. einem Studium eine Zusatzqualifikation durchlaufen haben. In Deutschland stellt die Deutsche Gesellschaft für Supervision und Coaching den Dachverband für den fachlichen Diskurs und die professionelle Weiterentwicklung der Supervision dar (DGSv 2021). Supervisor*innen können organisationsintern angestellt sein, meist werden sie aber als externe Berater*innen beauftragt (Berker 2017, 334 ff.).

In der Teamsupervision geht es um die Verbesserung der Kooperation, die Reflexion der wechselseitigen Erwartungen und Perspektiven und das gemeinsame Grundverständnis des Teams. Auch können aktuelle Anliegen (z. B. die Lösung von Teamkonflikten) Gegenstand der Teamsupervision sein. Diese werden dann im Kontext individueller, institutioneller und gesellschaftlicher Bedingungen betrachtet und mit dem Ziel der Stärkung der Handlungsfähigkeit des Teams und der Qualitätsverbesserung bearbeitet. Hierbei kommen Methoden aus der Kommunikations- und Beratungspsychologie, der Gruppenpädagogik und dem Teamtraining zum Einsatz (s. Gellert & Nowak 2010; Francis & Young 2006).

Die Supervisor*innen unterscheiden sich in ihren theoretisch-methodischen Orientierungen. Entsprechend der vier Schulen der Psychotherapie haben Supervisor*innen ihren Schwerpunkt in der psychoanalytischen, verhaltenstherapeutischen, personzentrierten oder systemischen Methodik (Hamburger & Mertens 2017). Davon hängt auch die Arbeitsweise in der Teamsupervision ab.

5.4 Teamsupervision und -coaching

In einer Gruppensupervision lassen sich allgemeine *Ablaufphasen* unterscheiden. Dies sind die Eröffnungs-, die Arbeits- und die Abschluss- oder Trennungsphase.

Die *Eröffnungsphase* beginnt häufig mit einer *Blitzlichtrunde:* Alle Teilnehmer*innen geben nacheinander unkommentiert von anderen eine kurze Einschätzung ihrer Befindlichkeit ab und machen Aussagen zu möglichen Anliegen. Auch werden zum Einstieg unter Umständen Rahmenbedingungen (z. B. Dauer, Gesprächsregeln, Vereinbarungen) besprochen bzw. verhandelt.

Die *Arbeitsphase* beginnt mit einer Zusammenfassung der vorgebrachten aktuellen Anliegen und der Zeitplanung für die Themen der Teamsupervision. Dann findet die Themenbearbeitung je nach theoretisch-methodischem Schwerpunkt der Supervisor*in statt. Dabei gilt es einen offenen und wertschätzenden Dialog der Teammitglieder zu fördern. Bewusst sollen neue Sichtweisen (z. B. von Klient*innen, der Organisationsleitung) und mögliche »blinde Flecken« bzw. Tabus in der Teamkommunikation besprechbar gemacht werden (Gellert & Nowak 2010). Das Methodeninventar ist breit gefächert von traditioneller Kleingruppenarbeit, Rollenspielen, Aufstellungen bis hin zu kreativen visualisierenden Methoden (z. B. Zeichnen eines Handwerkwappens analog zu den Symbolen der Handwerker).

Am Ende der Bearbeitungsphase gilt es mit dem Team in die Reflexion zu gehen und sich über die verschiedenen Zugänge, Erfahrungen und die Erlebnisinhalte der Übungen auszutauschen (zur methodischen Gestaltung s. Brinkmann & Schattenhofer 2022; Belardi 2020).

Die *Abschlussphase* dient analog zur Eröffnung einem Blitzlicht zur aktuellen Befindlichkeitsklärung sowie dem Feedback zum persönlichen Lerngewinn und zum Gruppenprozess.

Teamsupervisionen sollten je nach Anliegen in einem zeitlichen Abstand von vier bis sechs Wochen durchgeführt werden. Häufig begrenzen jedoch das finanzielle Budget und die Dienstpläne die Häufigkeit der Teamsupervision.

Wichtige *Gelingensfaktoren* der Teamsupervision stellen ein verbindlicher Teilnehmer*innenkreis, der Konsens über die Inhalte und die methodische Gestaltung, das gemeinsame Lerninteresse in einer kooperierenden Gruppe und die Unterstützung durch die Organisationsleitung (durch Freistellung der Fachkräfte, Verfügbarkeit von Räumlichkeiten etc.) dar (Schreyögg 2010, 307 ff.).

> **Methodenvorstellung: Kollegiale Fallberatung als »Bordmittel«**
>
> Analog zur Gruppensupervision gibt es auch eine kollegiale Form der Beratung bei beruflichen Anliegen. Diese soll nicht die externe Supervisor*in ersetzen, kann aber auf der Basis der Beratungskompetenzen der Teammitglieder ein wichtiger ergänzender Reflexionsraum sein. »Kollegiale Beratung beschreibt ein Format personenbezogener Beratung, bei dem im Gruppenmodus wechselseitig berufsbezogene Fälle der Teilnehmenden systematisch und ergebnisorientiert reflektiert werden« (Tietze 2010, 24).
>
> Kollegiale Beratung ist auch ein Raum zur Weiterentwicklung der Kollegialität im Sinne einer fehlerfreundlichen und vertrauensfördernden Teamkultur und zur Qualitätssicherung (Belardi 2020; Schlee 2019). Wichtige Voraussetzungen sind dabei ein Vertrauensvorschuss der Einzelnen an die Gruppe und die Sicherheit, dass eine wertschätzende und unterstützende Kommunikation gepflegt wird.
>
> Kollegiale Beratung hat *strukturelle* und *personale* Voraussetzungen (vgl. Tietze 2010, S. 215 ff.):
>
> - die Befürwortung der kollegialen Beratung seitens der Organisationsleitung und die Bereitstellung von Dienstzeit dafür
> - die freiwillige Teilnahme der Fachkräfte mit fachlichen Anliegen
> - ein gleichbleibender Teilnehmer*innenkreis (Verbindlichkeit)
> - ein konsensfähiger methodischer Rahmen (Rollen, Ablaufplanung)
> - das Vorhandensein von Praxiserfahrungen bei den beteiligten Kolleg*innen
> - Kompetenzen im Team für die Steuerung von Gruppenprozessen
> - Empathie, Offenheit für bzw. Interesse an anderen beruflichen Sichtweisen und Kritikfähigkeit seitens der Teilnehmer*innen
> - die Fähigkeit der Beteiligten, verschiedene Rollen zu übernehmen

Ein wichtiger Unterschied zur professionell angeleiteten Supervision ist die selbstorganisierte Rollenverteilung (Fallvorsteller*in, Moderator*in, Berater*in, Beobachter*in).

Lippmann (2004, 71 f.) fasst die unterschiedlichen Modelle in ihren übereinstimmenden Phasen zusammen. Das Grundmodell besteht aus sechs Schritten:

1. Vorbereitung, Ankommen und Anliegen erheben (Festlegung der Fallvorsteller*in)
2. darlegen, präsentieren, verstehen (Vorstellung der Fallkonstellation und der Fragestellung)
3. betrachten, vertiefen, erweitern; Hypothesen zum Fallgeschehen erarbeiten
4. Lösungsideen erarbeiten; Lösungsraum bewusst weit gestalten (inkl. provokantes Out-of-the-box-Denken)
5. entscheiden, nächste Schritte vorbereiten; Stolpersteine thematisieren
6. abschließen und beenden

Der Erfolg der kollegialen Fallberatung wird insbesondere durch ein klares Formulieren von Zielen und Erwartungen (durch die fallvorstellende Person), die Kreativität und Inspiration, eine erweiterte Perspektive auf das Problem (inkl. Standpunktwechsel) und die Konkretisierung des potenziellen und realen Lösungsraumes erreicht. Tietze hebt daneben als prozessförderliche Merkmale der Gruppenteilnehmer*innen folgende hervor: »intensive *Aufmerksamkeitszuwendung*, *Respekt* vor dem Beratenen, die Einstellung einer *emotionalen Akzeptanz* dem Beratenen gegenüber sowie das Bemühen, dem Beratenen gegenüber *authentisch* zu sein« (Tietze 2010, 108; Hervorh. d. A.)

Zum zeitlichen Rahmen finden sich in der Literatur Angaben von 45 bis 120 Minuten pro Fallberatung.

Eng mit Teamsupervision ist das *Teamcoaching* verbunden, beide haben methodisch-inhaltlich eine große Schnittmenge. Coaching ist ursprünglich ein Beratungs- und Trainingsformat, dessen Wurzeln in der Beratung von Führungskräften in Wirtschaftsunternehmen in den USA und im Bereich des Sports liegen. Coaching arbeitet zielorientiert auf die Weiterentwicklung bzw. Optimierung der Ziele der Coachees bzw. einer zu coachenden Gruppe hin (z. B. Führungskreis, Projektgruppe). Es gilt dabei zwischen Business- und Life-Coaching zu unterscheiden, wobei sich Ersteres auf berufliche Fragen und Letzteres auf spezifische Lebensthemen (z. B. Koch-Coaching, Hunde-Coaching) bezieht. Die folgenden Ausführungen beschäftigen sich mit dem Business-Coaching von Teams. Im Business-Coaching ist die Selbstreflexion der im Team bestehenden Standpunkte, der beruflichen Rolle und der Beziehungen von besonderer Bedeutung (s. Greif, Möller & Scholl 2018).

Tab. 3: Auswahl von Themenfeldern im Teamcoaching auf individueller, Gruppen- und Organisationsebene

	Themenfelder
individuelle Ebene	• berufliche Herkunft und Professionsverständnis • persönliche Kompetenzen, Fach- und Methodenwissen • berufliche Entwicklungswünsche und Motive • berufliche Rollenidentität • berufliche Belastungen und Herausforderungen, individuelle Arbeitsorganisation und -routinen • individuelle Arbeitszufriedenheit
Gruppenebene	• Gruppenidentität • gemeinsame Arbeitserfahrungen • Werte in der Teamzusammenarbeit • Kommunikationskultur • Beziehung zwischen Teamleitung und Mitarbeitenden • Gerechtigkeit der Aufgabenverteilung • Bearbeitung von Teamkonflikten • wechselseitiges Feedback zur Rollenwahrnehmung • Umgang mit Fehlern und Klient*innenkritik • Weiterentwicklung der Dienstleistung bzw. der Angebotsqualität
Organisationsebene	• Ziele der Gesamtorganisation • Organisationskultur (im Vergleich zur Teamkultur) • Aufträge der Organisation an das Team

Tab. 3: Auswahl von Themenfeldern im Teamcoaching auf individueller, Gruppen- und Organisationsebene – Fortsetzung

Themenfelder
• Erwartungen bezüglich der Kennwerterfüllung durch das Team (z. B. Beratungszahlen, Belegungszahlen für stationäre Einrichtungen) • Entwicklungsziele der Organisation für das Team • Ressourcen der Organisation für das Team • Beziehung zwischen verschiedenen Teams in der Organisation (z. B. Kooperation, Koexistenz, Konkurrenz)

Im Teamcoaching gilt es die individuelle, die Gruppen- und die Organisationsebene sowie die Wechselwirkungen und Spannungsverhältnisse zwischen diesen Ebenen zu reflektieren (▶ Tab. 3). Im Mittelpunkt steht dabei das *Selbstverständnis der Gruppe* (Wegge & Kemter-Hofmann 2018, 450). Als Dimensionen sind neben der Sachdimension (z. B. die Teamaufgaben) die Sozialdimension (z. B. Teambeziehungen) und die Zeitdimension (z. B. zukünftige Entwicklungsfragen) zu integrieren. Je nach methodischem Hintergrund des Teamcoaches kommen sehr verschiedene Ansätze zur Anwendung, zum Beispiel systemische Ansätze, Neurolinguistisches Programmieren (NLP) oder personzentrierte Methoden.

Das Teamcoaching richtet sich auf die vom Team in Auftrag gegebenen Themenfelder, die sich im Prozessverlauf konkretisieren und unter Umständen auch ändern können. Sorgfältige Auftragsklärung richtet sich insbesondere auf folgende Fragen:

- Wer will was, von wem, wozu?
- Wie sähe eine bessere Zukunft aus?
- Welche Auswirkungen hätten die angestrebten Veränderungen im Beziehungsgefüge der unterschiedlichen Verwaltungs- und Steuerungsebenen?
- Welche Auswirkungen hätte eine Verzögerung der Veränderung?
- Wer würde die Veränderungen begrüßen?
- Wer würde eher mit Skepsis reagieren?

- Welche Erfahrungen gib es bisher im Umgang mit Dissens und Konflikt? Auf welche Erfolge kann dabei zurückgegriffen werden?

Greif (2021, 139 f.) schlägt als allgemeinen Ablauf im Teamcoaching folgende Phasen vor:

1. Vorgespräche (mit Auftraggeber*innen)
2. Einführung des Coaches im Team
3. Teilnehmer*inneninterviews bzw. -fragebögen
4. Teamtermin (u. a. mit Rückmeldung über Interviews)
5. Einzelcoachings
6. Folgetermine
7. Teilnehmer*inneninterviews bzw. fragebögen
8. Abschluss und Vorher-Nachher-Vergleich

Der Autor hebt als zentrale Kriterien zur Einschätzung der Qualität der Teamarbeit die folgenden Fragen hervor (van Dick et al. 2018, zit. nach Greif 2021, 138 f.):

1. Hat ihr Team klare Ziele?
2. Arbeiten sie eng zusammen, um diese Ziele zu erreichen?
3. Treffen sie sich regelmäßig, um Ihre Leistungsfähigkeit zu reflektieren und mögliche Verbesserungen zu diskutieren?

Teamlernen

Teamlernen ist in der Teamkooperation allgegenwärtig. Die frühere Trennung zwischen Arbeit (als Ausführung von Arbeitsroutinen) und Lernen (als Aufnahme neuer Informationen) ist überholt und es hat beide Bereiche wohl auch nie in Reinform gegeben. Dennoch gilt es individuelles und Teamlernen zu unterscheiden. Lernen ist dabei im Teamkontext enger an den Handlungsvollzügen und dem gemeinsamen Mindset festzumachen. Die Teamleitung hat eine Vorbildfunktion für eine lern- und experimentierfreudige Haltung. »Dinge sind auszu-

probieren, Risiken einzugehen, unbekanntes Terrain ist zu betreten, Bestehendes in Frage zu stellen« (Busch & von der Oelsnitz 2018, 175).
Ziel ist es, das Teamlernen organisatorisch fest in den Teamalltag zu integrieren. Etablierte Formen sind die Einweisung von Neulingen (Onboarding), die Teilnahme an Fortbildungen, das gemeinsame Lernen in der kollegialen Fallreflexion. Darüber hinaus gilt es kontinuierliche Lerngelegenheiten im Teamalltag zu etablieren und die Weitergabe von Lernerfahrungen Einzelner an andere Teammitglieder zu fördern.
Lernen erfordert das Verändern von Handlungsroutinen und »lieb gewonnenen« Gewohnheiten. Diesen Veränderungen gilt es besondere Aufmerksamkeit zu schenken, damit sie dauerhaft in die Handlungsabläufe integriert werden können.

Für das Teamcoaching ist neben der Innenbetrachtung auch immer die Außenperspektive wichtig. So können punktuell auch Personen außerhalb des Teams (z. B. Vorgesetzte, Kund*innen) einbezogen werden, um auch innerorganisatorische Spannungsfelder, Widersprüche und Konflikte zu thematisieren. Hier ist nicht immer die reale Anwesenheit der außenstehenden Akteur*innen nötig. So lässt sich beispielsweise im Rollenspiel die Position durch ein Teammitglied stellvertretend besetzen (z. B. Verhandlungsführung mit dem Jugendamt). Auch kann in einem Planspiel exemplarisch das Aushandeln von Interessengegensätzen trainiert werden (ein von mir seminarerprobtes kreatives Planspiel: Autobahnbau bei Nöbauer & Kriz 2007, 109 ff.).

5.5 Das Team-Canvas

Dieses Kapitel schließt mit der Vorstellung einer ressourcen- und handlungsorientierten Methode ab, dem Canvas (engl.: Leinwand, Segeltuch). Ludershausen (2023, 131) hebt die einfache, übersichtliche und intuitiv verständliche Form des Canvas hervor. Ursprünglich entstand dieses Konzept in der Karriereentwicklung (Clark, Osterwalder & Pigneur 2012) und wurde von dem Autor für die Projekt- und Teamentwicklung adaptiert. Im Canvas (► Abb. 9) werden energiespendende Fragenbereiche zur Ziel- und Sinnfindung, zur Analyse von sozialen Einflüssen und Erwartungen wie auch für die konkrete Veränderungs- und Maßnahmenplanung integriert. Damit gibt ein Canvas »alles auf einen Blick« und entspricht auch der Maxime »make it simple«, zweckmäßig in einer Zeit zunehmender Komplexität in der Arbeitswelt.

Als Ausgangspunkt für die Entwicklungsarbeit auf Basis des Canvas ist die Frage nach der *Dringlichkeit* zu erörtern, das heißt, warum gerade jetzt eine Teamweiterentwicklung notwendig und zweckmäßig ist (Ludershausen 2023, 134f.). Nur wenn das Team hierauf eine klare und konsensfähige positive Antwort und gute Gründe für die zu investierenden Anstrengungen benennen kann, empfiehlt es sich mit dem Entwicklungsprojekt zu beginnen.

Unsere Team-DNA

| Mission: Wofür brennen wir? | Vision: Was wollen wir in zehn Jahren erreichen? | Purpose (Sinn/Zweck): Wofür gibt es uns? |

Unser Navigationssystem – die Orientierung

| Werte: beste eigene Teamerfahrungen | Prinzipien: Wie wollen wir zusammenarbeiten? | Vereinbarungen: Informationsmanagement und -struktur |

| Partner*innen: Netzwerke stärken | Handlungsfelder: strategische Aufgaben | Aufgaben: nächste Schritte/Maßnahmen |

Abb. 9: Teamentwicklungs-Canvas (orientiert an Dollinger 2023, 86ff.)

Ausführlicher sollen hier die Fragen zum ersten Teil des Canvas, zur Mission, der Vision und dem Purpose vorgestellt werden. Dollinger (2023, 86ff.) nennt dies die »Team-DNA«, Grundlagen der Sinnbezüge, der Motivation, der Zukunftsvision des Teams. Das Team kann sich anhand der folgenden Fragen in einen gemeinsamen Klärungsprozess begeben.

Der erste Aspekt ist die *Mission* des Teams verbunden mit folgenden Fragen (ebd., 87):

- Wofür brennen wir?
- Was treibt uns an?
- Was ist unsere Leidenschaft?
- Was ist uns wirklich wichtig?
- Woran glauben wir?
- Was kommt durch uns, unsere besonderen Fähigkeiten und unser Tun in diese Welt?

Es empfiehlt sich, diese Fragen wie auch die zu den folgenden beiden Bereichen im ersten Schritt in Einzelarbeit zu beantworten, um sich danach in Kleingruppen (drei bis vier Personen) auszutauschen, die Kleingruppenergebnisse auf Moderationskarten festzuhalten und abschließend im Plenum vorzustellen.

Der nächste Fragenbereich zur *Vision* des Teams in der Zukunft (in ca. zehn Jahren) lässt sich mit folgenden Impulsen konkretisieren (ebd., 88):

- Was wollen wir 20xx gemeinsam erreicht haben?
- Woran werden wir/unsere Kolleg*innen/Kunden/andere Führungskräfte konkret festmachen, dass wir das erreicht haben? Was wird dann zu sehen, zu hören, zu messen sein?

Der dritte Fragenbereich erfasst Fragen zum *Purpose* (Zweck/Nutzen). Als Fragen zur Besonderheit des Teams formuliert Dollinger (ebd., 88) folgende:

- Wofür gibt es uns?
- Was ist besser, weil es uns gibt?
- Was würde wem (Kolleg*innen/Kunden/Führungskräften) fehlen, wenn es uns nicht gäbe?
- Was wäre dann schlechter?

Dieser erste Teil hilft die Energien für eine lohnenswerte Zukunft zu beleuchten. In den folgenden Teilschritten werden Fragen nach den im Team geteilten Werten, den Arbeitsprinzipien, dem Informationsmanagement im Team, den Partnern für die Zusammenarbeit und abschließend den strategischen Handlungsfeldern und zur Maßnahmenplanung gestellt (ebd., 88 ff.).

Die Autorin macht zum Zeitbedarf keine Angaben, dieser scheint wesentlich von der Teamgröße abzuhängen. Dennoch sollte für jedes Themenfeld mindestens eine Reflexionseinheit von 120 Minuten eingeplant werden. Wichtig für die Visualisierung sind Moderationsmaterialien und eine Moderationswand. Die Arbeit an dem Canvas kann durch externe Moderation begleitet, bei entsprechender Methodenkompetenz aber auch von den Teammitgliedern selbst gestaltet werden.

Auf den Punkt gebracht

Teamweiterentwicklung ist eine Gestaltungsaufgabe, die mit einer Bestandsaufnahme (Diagnose der *Ist*-Situation) beginnt. Aus diesen Informationen (oft vorgebracht in Form von Problemanzeigen) gilt es dann eine Vision (als Ideal-Zustand), ein Gesamtziel und möglichst kleinschrittige Teilziele abzuleiten. Dabei muss sich das Team gemeinschaftlich des Nutzens dieser Veränderungen gewahr werden – im Sinne von: »Repariere nicht, was bereits funktioniert« (Szabó & Berg 2006, S. 21). Bei den Interventionsmaßnahmen – einem großen Markt mit vielen Anbieter*innen und Publikationen – gilt es mit möglichst wenigen Interventionsschritten auszukommen und dabei neben einer externen Begleitung auch die eigenen »Bordmittel« und deren Nutzung gut im Blick zu haben und beides gut zu kombinieren.

Weiterführende Literatur

Brinkmann, Babette J. & Schattenhofer, Karl (2022): Erfolgreiche Teams in der Selbstorganisation. München: Verlag Franz Vahlen.

Gellert, M. & Nowak, C. (2010): Teamarbeit, Teamentwicklung, Teamberatung – Ein Praxisbuch für die Arbeit in und mit Teams (4. erw. u. überarb. Aufl.). Meenzen: Limmer.

Dollinger, Anna & Fehse, Katharina (Hrsg.) (2023): Systemische Interventionen. Bonn: managerSeminare.

Hofert, Svenja & Visbal, Thorsten (2021): Teams & Teamentwicklung. München: Verlag Franz Vahlen.

Tietze, Kim-Oliver (2010): Kollegiale Beratung. Reinbek: Rowohlt.

6 Fazit

Dieses Buch bietet eine Reise durch zentrale Themenfelder der Teamarbeit. Wichtig waren mir dabei die Abstecher zu aktuellen Themen wie der Selbstorganisation, der Teamresilienz oder dem abschließenden Canvas in seiner Nutzung für die Teamweiterentwicklung. Es gab einige unverzichtbare Haltepunkte (z. B. zu Formen der Zusammenarbeit, zur Teamkommunikation, zur Teamentwicklung), die ausführlicher erörtert wurden und durch Reflexionsaufgaben Anregungen bieten sollten zum »Blick in die Weite«, zum Nachdenken über die eigene Person bzw. den eigenen Standpunkt. Ich hoffe in diesem Sinne, dass das Buch zum Weiterdenken und -lesen anregt.

Teamarbeit gilt es immer im Spannungsfeld zwischen *Individuum, Gruppe und Organisation* zu begreifen. Teams brauchen für einen effizienten und arbeitszufriedenen Alltag ein geklärtes Selbstverständnis dazu, was ihre gemeinsamen Ziele sind, wie die Arbeitsteilung organisiert ist und was den Teammitgliedern für ihr Tun Motivation und Sinn gibt. Um dieses Selbstverständnis herzustellen und kontinuierlich zu erneuern, sind regelmäßige Stopps auf der gemeinsamen Reise notwendig zum Luftholen, für das Vesperbrot und den Austausch zu den verschiedenen Perspektiven. Hier gilt es den *Handlungskreislauf* aus Zielfindung, Planung, Handlung, Auswertung und Feedback zu nutzen, um den Einzelnen und der Gruppe Sicherheit und Motivation für die gemeinsamen Anstrengungen zu geben. Anregungen für die methodische Gestaltung des Teamalltags finden sich meines Erachtens auch in den Methoden der agilen Projektplanung.

Ich hoffe, es wurde deutlich, dass Teamarbeit allein »aus dem Bauch« heraus nicht fruchten kann. Hier braucht es einen analytischen Blick, eine innere Distanz zum Geschehen (besonders wenn im Konfliktfall die »Wogen hochschlagen«) und einen selbstkritischen Blick. Einbezogen ge-

6 Fazit

hört auch das Wissen um die Gruppendynamik, die Spezifik sozialer Dienstleistungsproduktion und möglicher Stolpersteine im Teamalltag. Ausgangspunkt im Sinne von »Do it simply« kann die Frage sein: Was funktioniert in unserem Team schon gut? Und: Tu mehr davon (Szabó & Berg 2006, S. 22).

Gut zu merken

Teamarbeit braucht den Mut aus der eigenen Komfortzone herauszugehen, Mut zur Übernahme von Verantwortung, Mut sich neuen Aufgaben zu stellen, Mut zur Selbstkritik und ein Herz und eine Wertschätzung für den Teamzusammenhalt.

In Zeiten, in denen Individualismus und »Einzelkämpfertum« in vielen Bereichen der Gesellschaft dominieren, stellt der produktive Austausch in Gemeinschaft keine Selbstverständlichkeit dar. Sich hierfür schon im Studium Übungsfelder und Gruppenzusammenhänge zu suchen, um Teamkooperation, Aufgabenteilung und eine wertschätzende Kommunikation zu üben, gegebenenfalls auch zu erlernen, erscheint mir eine gute Investition in die eigene Professionalität. Das Buch will in diesem Sinne dazu auffordern, sich neben und im Studienbetrieb in Arbeits- und Projektgruppen zusammenzufinden und in der studentischen Selbstverwaltung mitzuarbeiten. Ein intensives Lernsetting bietet auch die angeleitete Gruppenselbsterfahrung. Sehr gute Erfahrungen habe ich damit in meiner Tätigkeit an der Evangelischen Hochschule in Bochum gemacht.

Das Buch ist eingestiegen mit dem Teambegriff zwischen »Together everyone achieves more« und »Toll, ein anderer macht's«. Die Ursachen für Letzteres und die Chancen der gewinnbringenden Gestaltung der Teamarbeit galt es deutlich zu machen. Gruppen haben ihre Eigendynamik, sind insofern nicht wie ein Uhrwerk zu steuern. Darin liegt das Interessante, aber auch das Herausfordernde der Teamarbeit. Teamarbeit aktiv und gemeinschaftlich zu gestalten, bietet vielfältige Teilhabe- und Gestaltungsmöglichkeiten.

Für die Ausgestaltung von psychosozialer Teamarbeit sind die beiden Themenfelder Umgang mit Belastungen bzw. Herausforderungen und selbstorganisierte Teamstrukturen von besonderer Bedeutung. Darüber hinaus geht es um einen konstruktiven Umgang mit Differenzen bei Debatten, Kontroversen und in Konflikten. Im Kapitel zum Umgang mit Konflikten in Teams (▶ Kap. 3.5) sind dazu einige Thesen formuliert worden; das Thema Konfliktbearbeitung verdient im Studium darüber hinaus eine intensive Behandlung, in der Klient*innenarbeit verweist es auf eine wichtige Basiskompetenz.

Gut zu merken

Beim Umgang mit Unterschieden und Differenzen erscheint folgender Leitsatz nützlich: Gib auch dem Kritiker bzw. der Kritikerin in der Debatte einen Platz. Sie können hilfreiche Botschaften bzw. Erkenntnisse beitragen. Dies fördert eine konstruktive und ergebnisoffene Diskussionskultur.

Dafür ist es eine hilfreiche Annahme, der anderen Person gute Absichten zu unterstellen, sie tut ihr Bestes.

Offene Fragen stellen sich hinsichtlich der Arbeit in virtuellen Teams. Bisher dominierte in der Sozialen Arbeit die Face-to-face-Kommunikation mit den Klient*innen im professionellen Raum. Welche Potenziale und Begrenzungen für die Klientenarbeit in der virtuellen Arbeit stecken und welche Auswirkungen dies auf die Teamarbeit hat, gilt es noch vertiefend zu erforschen. Für die psychosozialen Fachkräfte gilt es dabei auch eine Balance zwischen der Autonomie in der Einzelfallarbeit (Fallverantwortlichkeit) und Gruppenprozessen, die den Teamzusammenhalt stärken (z. B. kollegiale Fallreflexion, Teamtage), zu suchen.

Abschließend sei auf die zentralen Ergebnisse der Teamstudie bei der Firma Google verwiesen: Grundlagen dafür, sich auf die Teamarbeit einzulassen, sind psychologische Sicherheit, eine konstruktive Beziehung zwischen Führung und Mitarbeiter*innen, Klarheit in den Entscheidungsstrukturen im Team und in der Organisation, die erlebte Bedeutsamkeit und der Einbezug bzw. Einfluss der einzelnen Mitarbeitenden im Team und in der Organisation (Duhigg 2016).

Diese Faktoren, die sich auch in anderen Studien zur Effektivität von Teamarbeit ähnlich wiederfinden (s. Wegge 2014; Busch & von der Oelsnitz 2018, 32 ff.), bilden das Fundament für einen konstruktiven und menschengerechten Teamalltag.

> **Abschlussreflexion**
> Zeichnen Sie die Mindmap zur Teamarbeit (siehe Einleitung) mit dem Wissen des Buches nochmals. Dies kann Ihnen einen aufschlussreichen Vorher-Nachher-Vergleich bieten.

Literatur

Antoni, Conny H. (2014): Gruppenorientierte Interventionstechniken. In: Heinz Schuler & Klaus Moser (Hrsg.): Lehrbuch Organisationspsychologie (5. vollst. überarb. Aufl., S. 263–314). Bern: Huber.

Antons, Klaus (2015): Die dunkle Seite von Gruppen. In: Cornelia Edding & Karl Schattenhofer (Hrsg.): Handbuch Alles über Gruppen (2. Aufl., S. 322–357). Weinheim: Beltz.

Bales, Robert F. (1951): Interaction process analysis. A model for the study of small groups. Cambridge: Addison-Wesley Press.

Bales, Robert. F. & Slater, Phillip E. (1969): Role differentiation in small decision-making groups. In: Cecil Gibb (Hrsg.): Leadership (S. 255–276). Harmondsworth: Penguin.

Balz, Hans-Jürgen (2017): Kollegiale Kommunikation. Zur Spezifik der Kommunikation in Teams. In: Ralf Hoburg (Hrsg.): Kommunizieren in sozialen und helfenden Berufen (S. 100–119). Stuttgart: Kohlhammer.

Balz, Hans-Jürgen (2023): Teamogramm – Von den Geschichten und Zukunftsvisionen eines Teams. In: Heidi Neumann-Wirsig (Hrsg.): Lösungsorientierte Supervisions-Tools (5. Aufl., S. 265–269). Bonn: Verlag managerSeminare.

Balz, Hans-Jürgen & Heisig, Marascha (2022): Selbstführung und Selbstfürsorge – Leitbegriffe im Führungskräfte-Coaching? In: Organisationsberatung, Coaching und Supervision, 29 (2), S. 193–208. https://link.springer.com/article/10.1007/s11613-022-00761-8

Balz, Hans-Jürgen & Plöger, Peter (2015): Systemisches Karrierecoaching. Göttingen: Vandenhoeck & Ruprecht.

Balz, Hans-Jürgen & Spieß, Erika (2009): Kooperation in sozialen Organisationen. Grundlagen und Instrumente der Teamarbeit. Stuttgart: Kohlhammer.

Beck, Dieter & Fisch, Rudolf (2003): Entwicklung der Zusammenarbeit nach Belbins Teamrollenansatz. In: Siegfried Stumpf & Alexander Thomas (Hrsg.): Teamarbeit und Teamentwicklung (S. 317–340). Göttingen: Hogrefe.

Belardi, Nando (2020): Supervision und Coaching für Soziale Arbeit, für Pflege, für Schule. Freiburg: Lambertus.

Belbin, Meredith R. (1993): Team roles at work. Oxford: Butterworth-Heineman.

Literatur

Belbin, Meredith R. (2010): Management teams: Why they succeed or fail (3. Aufl.). Oxford: Butterworth Heinemann.

Bender, Saskia & Heinrich, Martin (2016): Alte schulische Ordnung in neuer Akteurkonstellation? Rekonstruktionen zur Multiprofessionalität und Kooperation im Rahmen schulischer Inklusion. In: Zeitschrift für Pädagogik, 62. Beiheft: Schulische Inklusion, S. 90–144.

Bentner, Ariane & Jung, Jan P. (2022): Resilient durch Krisen. Wie Führungskräfte und Teams schwierige Zeiten bewältigen. Heidelberg: Carl Auer.

Bergmann, Frithjof (2004): Neue Arbeit, Neue Kultur. Freiamt: Arbor.

Berker, Peter (2017): Externe und interne Supervision – Ein Vergleich. In: Harald Pühl (Hrsg.): Das aktuelle Handbuch der Supervision (2. Aufl., S. 334–345). Gießen: Psychosozial-Verlag.

Bieker, Rudolf (2022): Was ist Soziale Arbeit? – eine Einführung in Gegenstand und Funktionen. In: Carola Kuhlmann, Heiko Löwenstein, Heike Niemeyer & Rudolf Bieker (Hrsg.): Soziale Arbeit. Das Lehr- und Studienbuch für den Einstieg (S. 15–64). Stuttgart: Kohlhammer.

Bildat, Lothar & Torka, Theresa (2019): Zum Zusammenhang zwischen Führung und Stressempfinden bei Geführten: Eine literaturbasierte Übersicht zentraler Befunde. In: Wirtschaftspsychologie, 3, S. 87–99.

Blickle, Gerhard (2004): Interaktion und Kommunikation. In: Heinz Schuler (Hrsg.): Organisationspsychologie – Gruppe und Organisation (S. 55–128). Göttingen: Hogrefe.

Boerner, Sabine, Hüttermann, Hendrik & Reinwald, Max (2017): Effektive Führung heterogener Teams. In: Gruppe, Interaktion, Organisation, 48 (1), S. 41–51.

Böhme, Rebecca (2019): Resilienz. München: C. H. Beck.

Brinkmann, Babette J. & Schattenhofer, Karl (2022): Erfolgreiche Teams in der Selbstorganisation. München: Verlag Franz Vahlen.

Buchwald, Petra & Hobfoll, Stevan E. (2013): Die Theorie der Ressourcenerhaltung: Implikationen für den Zusammenhang von Stress und Kultur. In: Petia Genkova, Tobias Ringeisen & Frederick T. L. Leong (Hrsg.): Handbuch Stress und Kultur (S. 127–138). Berlin: Springer.

Burisch, Matthias (2014): Das Burnout-Syndrom. Berlin: Springer.

Busch, Michael W. (2011): Serviceorientierung in Teams – effiziente Kooperationsprozesse durch internes Marketing. In: Frank Keuper & Rainer Mehl (Hrsg.): Customer Management (S. 333–362). Berlin: Logos.

Busch, Michael W. & Oelsnitz, Dieter v. d. (2018): Teammanagement. Grundlagen erfolgreichen Zusammenarbeitens. Stuttgart: Kohlhammer.

Clark, Tim, Osterwalder, Alexander & Pigneur, Yves (2012): Business Model You. Frankfurt a. M.: Campus.

Comelli, Gerhard (2003): Anlässe und Ziele von Teamentwicklungsprozessen. In: Siegfried Stumpf & Alexander Thomas (Hrsg.): Teamarbeit und Teamentwicklung (S. 169–189). Göttingen: Hogrefe.

Deutscher Verein für öffentliche und private Fürsorge (2002) (Hrsg.): Empfehlungen zur Teamarbeit und Teamentwicklung in der sozialen Arbeit. Frankfurt a. M.: Eigenverlag.

DGSv – Deutsche Gesellschaft für Supervision und Coaching e. V. (2021): Standards der Deutschen Gesellschaft für Supervision und Coaching e.V. https://www.dgsv.de/wp-content/uploads/2022/08/DGSv-Standards-2021-Hintergrundinformationen.pdf

Dollinger, Anna (2023): Die Leinwand fürs Team. In: Anna Dollinger & Katharina Fehse (Hrsg.): Systemische Interventionen (S. 86–91). Bonn: managerSeminare.

Dollinger, Anna & Fehse, Katharina (Hrsg.) (2023): Systemische Interventionen. Bonn: managerSeminare.

Driskell, Tripp, Driskell, James E., Burke, C. Shawn & Salas, Eduardo (2017): Team roles: A review and integration. In: Small Group Research, 48(4), S. 482–511.

Duhigg, Charles (2016). What Google learned from its quest to build the perfect team. New York Times Magazine. 26.02.2016. https://www.nytimes.com/2016/02/28/magazine/what-google-learned-from-its-quest-to-build-the-perfect-team.html?_r=1

Edding, Cornelia & Schattenhofer, Karl (2020): Einführung in die Teamarbeit. Heidelberg: Carl Auer.

Edmondson, Amy C. (2020): Die angstfreie Organisation. München: Verlag Franz Vahlen.

Fabel-Lamla, Melanie, Lux, Anna-Lena, Schäfer, Anja & Schilling, Carina (2019): Multiprofessionalität und Konflikt. In: Senka Karic, Lea Heyer, Carolyn Hollweg & Linda Maack (Hrsg.): Multiprofessionalität weiterdenken (S. 100–124). Weinheim: Beltz Juventa.

Francis, Dave & Young, Don (2006): Mehr Erfolg im Team (unveränderter Nachdruck; Erstausgabe 1996). Hamburg: Windmühle.

Fröhlich-Gildhoff, Klaus & Rönnau-Böse, Maike (2022): Resilienz (6. Aufl.). München: Reinhardt

Furman, Ben & Ahola, Tapani (2004): Twin Star – Lösungen vom anderen Stern. Heidelberg: Carl Auer.

Gallup (2025): Gallup Engagement Index Deutschland 2024. https://www.gallup.com/de/472028/bericht-zum-engagement-index-deutschland-2023.aspx#ite-611066

Galuske, Michael (2013): Methoden der Sozialen Arbeit (10. Aufl.). Weinheim: Beltz Juventa.

Gebert, Dieter (2004): Innovation durch Teamarbeit. Stuttgart: Kohlhammer.

Gellert, M. & Nowak, C. (2010): Teamarbeit, Teamentwicklung, Teamberatung – Ein Praxisbuch für die Arbeit in und mit Teams (4. erw. u. überarb. Aufl.). Meenzen: Limmer.

Gessmann, Stefan & Merchel, Joachim (2019): Systemisches Management in Organisationen der Sozialen Arbeit. Heidelberg: Carl Auer.

Glasl, Friedrich (1997): Konfliktmanagement. Bern: Huber.

Glasl, Friedrich (1998): Selbsthilfe in Konflikten. Stuttgart: Haupt.
Greif, Siegfried (2021): Was ist Coaching? Osnabrück: Tredition.
Greif, Siegfried, Möller, Heidi & Scholl, Wolfgang (Hrsg.) (2018): Handbuch Schlüsselkonzepte im Coaching. Berlin: Springer.
Hacker, Winfried (1986): Allgemeine Arbeitspsychologie. Psychische Regulation von Arbeitstätigkeiten. Berlin: Deutscher Verlag der Wissenschaften.
Hamburger, Andreas & Mertens, Wolfgang (2017): Supervision – Konzepte und Anwendungen: Band 1: Supervision in der Praxis – ein Überblick. Stuttgart: Kohlhammer.
Heiner, Maja (2022): Soziale Arbeit als Beruf (2. Aufl.). München: Reinhardt.
Hertel, Guido & Hüffmeier, Joachim (2014): Teamarbeit: Wirkmechanismen und Rahmenbedingungen. In: Heinz Schuler & Klaus Moser (Hrsg.): Lehrbuch Organisationspsychologie (5. vollst. überarb. Aufl., S. 219–262). Bern: Huber.
Herwig-Lempp, Johannes (2012): Ressourcenorientierte Teamarbeit – Systemische Praxis der kollegialen Beratung (3. durchges. Aufl.). Göttingen: Vandenhoeck & Ruprecht.
Hettenkofer, Brigitte (2023): Teamresilienz. Göttingen: BusinessVillage.
Hochschild, Arlie R. (1990): Das gekaufte Herz. Zur Kommerzialisierung der Gefühle. Frankfurt a. M.: Campus.
Hofert, Svenja & Visbal, Thorsten (2021): Teams & Teamentwicklung. München: Verlag Franz Vahlen.
Hurrelmann, Klaus (2020): X, Y, Z – die Einstellung verschiedener Generationen zu Arbeit und Beruf. In: Volker E. Amelung, Susanne Eble, Ralf Siuts, Thomas Ballast, Helmut Hildebrandt, Franz Knieps, Ralph Lägel & Patricia Ex (Hrsg.): Die Zukunft der Arbeitswelt im Gesundheitswesen (S. 125–133). Berlin: Medizinisch Wissenschaftliche Verlagsgesellschaft.
IFSW – International Federation of Social Workers (2004): Ethics in Social Work, Statement of Principles. https://www.ethikdiskurs.de/fileadmin/user_upload/ethikdiskurs/Themen/Berufsethik/Soziale_Arbeit/IASW_Kodex_Englisch_Deutsch 2004.pdf
Jonas, Klaus, Stroebe, Wolfgang & Hewstone, Miles (2007): Sozialpsychologie (5. Aufl.) Heidelberg: Springer.
Juchmann, Ulrike (2022): Selbstfürsorge in helfenden Berufen. Stuttgart: Kohlhammer.
Kals, Elisabeth (2006): Arbeits- und Organisationspsychologie. Workbook. Weinheim: Beltz PVU.
Kaltenecker, Siegfried (2021): Selbstorganisierte Teams führen (3. Aufl.). Heidelberg: dpunkt.verlag.
Kaluza, Gert (2018): Stressbewältigung (4. Aufl.). Heidelberg: Springer.
Karic, Senka, Heyer, Lea, Hollweg, Carolyn & Maack, Linda (Hrsg.) (2019): Multiprofessionalität weiterdenken. Weinheim: Beltz Juventa.
Kauffeld, Simone (2004): Der Fragebogen zur Arbeit im Team (FAT). Göttingen: Hogrefe.

Kauffeld, Simone (Hrsg.) (2014): Arbeits-, Organisations- und Personalpsychologie für Bachelor (2. Aufl.). Berlin: Springer.

Kauffeld, Simone & Martens, Anne (2014): Arbeitsanalyse und -gestaltung. In: Simone Kauffeld (Hrsg.): Arbeits-, Organisations- und Personalpsychologie für Bachelor (2. Aufl., S. 211–240). Berlin: Springer.

Kauffeld, Simone & Schulte, Eva Maria (2014): Teams und ihre Entwicklung. In: Simone Kauffeld (Hrsg.): Arbeits-, Organisations- und Personalpsychologie für Bachelor (2. Aufl., S. 151–172). Berlin: Springer.

Katzenbach, John & Smith, Douglas (2015): The wisdom of teams: Creating the high-performance organization. Brighton: Havard Business Review Press.

König, Oliver & Schattenhofer, Karl (2006): Einführung in die Gruppendynamik. Heidelberg: Carl Auer.

Kriz, Jürgen (2007): Grundkonzepte der Psychotherapie (7. Aufl.). Weinheim: Beltz.

Kriz, Willy C. & Nöbauer, Brigitte (2002): Teamkompetenz: Konzepte, Trainingsmethoden, Praxis. Göttingen: Vandenhoeck & Ruprecht.

Kuhn, Hubert (2015): Das Team als Mittel zur Leistungssteigerung. In: Cornelia Edding & Karl Schattenhofer (Hrsg.): Handbuch Alles über Gruppen (2. Aufl., S. 124–161). Weinheim: Beltz.

Laloux, Frederic (2015): Reinventing Organizations: Ein Leitfaden zur Gestaltung sinnstiftender Formen der Zusammenarbeit. München: Verlag Franz Vahlen.

Larson, James R. (2009): In search of synergy in small group performance. New York: Psychology Press.

Loffing, Christian (2005): Qualitätszirkel erfolgreich gestalten: So nutzen Sie die Kreativität Ihrer Mitarbeiter. Stuttgart: Kohlhammer

Lippmann, Eric (2004): Intervision. Kollegiales Coaching professionell gestalten. Berlin: Springer.

Ludershausen, Sven (2023): Moderation und Prozessbegleitung im strategischen Change-Projekt (2. Aufl.). Bonn: managerSeminare.

Luhmann, Niklas (2021): Soziale Systeme. Grundriß einer allgemeinen Theorie (18. Aufl.). Frankfurt a. M.: Suhrkamp.

Marks, Michelle A., Mathieu, John E. & Zaccaro, Stephen J. (2001): A temporally based framework and taxonomy of team processes. In: Academy of Management Review, 26 (3), S. 356–376.

Martin, Ernst & Wawrinowski, Uwe (2014): Beobachtungslehre: Theorie und Praxis reflektierter Beobachtung (6. Aufl.). Weinheim: Beltz Juventa.

Merchel, Joachim (2015a): Leitung in der Sozialen Arbeit: Grundlagen der Gestaltung und Steuerung von Organisationen (3. Aufl.). Weinheim: Beltz Juventa.

Merchel, Joachim (2015b): Management in Organisationen der Sozialen Arbeit. Weinheim: Beltz Juventa.

Morar, Aneta Silvana (2017): Multiprofessionalität – ein Konzept das vielen Herren dient? In: Kita in Baden-Württemberg, 4, S. 82–84.

Literatur

Nerdinger, Friedemann W. (2019a): Teamarbeit. In: Friedemann W. Nerdinger, Gerhard Blickle & Niclas Schaper (Hrsg.): Arbeits- und Organisationspsychologie (4. überarb. Aufl., S. 119–134). Berlin: Springer.

Nerdinger, Friedemann W. (2019b): Führung von Mitarbeitern. In: Friedemann W. Nerdinger, Gerhard Blickle & Niclas Schaper (Hrsg.): Arbeits- und Organisationspsychologie (4. Aufl., S. 95–118). Berlin: Springer.

Nerdinger, Friedemann W. (2019c): Dienstleistungstätigkeiten. In: Friedemann W. Nerdinger, Gerhard Blickle & Niclas Schaper (Hrsg.): Arbeits- und Organisationspsychologie (4. überarb. Aufl., S. 629–648). Berlin: Springer.

Neumann-Wirsig, Heidi (2017): Kompetenznetz. In: Heidi Neumann-Wirsig (Hrsg.): Lösungsorientierte Supervisions-Tools (S. 156–160). Bonn: managerSeminare.

Noack, Michael (2024): Integrierte Methodik in der Sozialen Arbeit. Einzelfall-, gruppen- und gemeinwesenbezogen intervenieren. Stuttgart: Kohlhammer.

Nöbauer, Brigitta & Kriz, Willy C. (2007): Mehr Teamkompetenz. Göttingen: Vandenhoeck & Ruprecht.

Obermeyer, Klaus & Pühl, Harald (2015): Teamcoaching und Teamsupervision. Göttingen: Vandenhoeck & Ruprecht.

Pabst, Reinhold, Schütt, Mareike & Tyrasa, Isabelle (2022): Wertschätzende Teamentwicklung. Weinheim: Wiley-VCH.

Pukall, Kai-Marian (2023): Selbstorganisation im Team. München: Verlag Franz Vahlen.

Pühl, Harald (2010): Konfliktklärung in Teams und Organisationen. Fulda: Leutner.

Pühl, Harald (2020): Organisationsentwicklung. In: Socialnet, Lexikon. https://www.socialnet.de/lexikon/Organisationsentwicklung

Regnet, Erika (2007): Konflikt und Kooperation. Göttingen: Hogrefe.

Ringelmann, Maximilien (1913): Recherches sur les motuers animés: Travail de l'homme. In: Annales de l'Institut National Agronomique, 12, S. 1–40.

Röhner, Jessica & Schütz, Astrid (2016): Psychologie der Kommunikation (2. Aufl.). Wiesbaden: Springer.

Schaper, Niclas (2019): Wirkung von Arbeit. In: Friedemann W. Nerdinger, Gerhard Blickle & Niclas Schaper (Hrsg.): Arbeits- und Organisationspsychologie (4. Aufl., S. 573–600). Berlin: Springer.

Scherpner, Martin, Fink, Gabriele & Kowollik, Winfried (1976): Teamarbeit in der Sozialpädagogik. Tübingen: Katzmann.

Schindler, Raoul (1971): Die Soziodynamik in der therapeutischen Gruppe. In: Anneliese Heigl-Evers (Hrsg.): Psychoanalyse und Gruppe (S. 21–32). Göttingen: Vandenhoeck & Ruprecht.

Schlee, Jörg (2019): Kollegiale Beratung und Supervision für pädagogische Berufe (4. erw. Aufl.). Stuttgart: Kohlhammer.

Schlippe Arist v. & Schweitzer, Jochen (2013): Lehrbuch systemische Therapie und Beratung. Band 1. Göttingen: Vandenhoeck & Ruprecht.

Schreyögg, Astrid (2010): Supervision: Ein integratives Modell (5. erw. Aufl.). Wiesbaden: Springer.
Schröder, Carsten (2016): Emotionen und professionelles Handeln in der Sozialen Arbeit. Wiesbaden: Springer VS.
Schultz-Hardt, Stefan & Brodbeck, Felix C. (2007): Gruppenleistung und Führung. In: Klaus Jonas, Wolfgang Stroebe & Miles Hewstone (Hrsg.): Sozialpsychologie. Eine Einführung (5. vollst. überarb. Aufl., S. 443–486). Berlin: Springer.
Schultz-Hardt, Stefan, Hertel, Guido & Brodbeck, Felix C. (2007): Gruppenleistung und Leistungsförderung. In: Heinz Schuler & Karlheinz Sonntag (Hrsg.): Handbuch der Arbeits- und Organisationspsychologie (S. 698–706). Göttingen: Hogrefe.
Schwendner, Raimund (2012): Konflikte wirksam lösen. Stuttgart: Klett-Cotta.
Simon, Fritz B. (2007): Einführung in die systemische Organisationstheorie. Heidelberg: Carl Auer.
Speck, Karsten & Wulf, Carmen (2018): Multiprofessionelle Kooperation in der Kinder- und Jugendhilfe. In: Unsere Jugend, 50 (2), S. 50–54.
Spiegel, Hildrud v. (2018): Methodisches Handeln in der Sozialen Arbeit (6. Aufl.). München: Reinhardt.
Steiner, Ivan D. (1972): Group processes and productivity. New York: Academic Press.
Szabó, Peter & Berg, Insoo Kim (2006): Kurz(zeit)coaching mit Langzeitwirkung. Dortmund: Borgmann Media.
Tietze, Kim-Oliver (2010): Kollegiale Beratung. Reinbek: Rowohlt.
Tuckman, Bruce W. (1965): Development sequence in small groups. In: Psychological Bulletin, 63 (6), S. 384–399.
Tuckman, Bruce W. & Jensen, Mary A. (1977): Stages of small group development revisited. In: Group and Organization Studies, 2 (4), S. 419–427.
Van Dick, Rolf, Wegge, Jürgen & Stegmann, Sebastian (2018): Analyse und Intervention bei der Gruppen- und Teamarbeit. In: Siegfried Greif & Kai-Christoph Homborg (Hrsg.): Enzyklopädie der Psychologie. Band Psychologische Interventionsmethoden – Methoden der Arbeits-, Organisatins- und Wirtschaftspsychologie (S. 275–327). Göttingen: Hogrefe.
Van Dick, Rolf & West, Michael A. (2013): Teamwork, Teamdiagnose, Teamentwicklung (2. überarb. u. erw. Aufl.). Göttingen: Hogrefe.
Väth, Markus (2016): Arbeit – die schönste Nebensache der Welt: Wie New Work unsere Arbeitswelt verändert. Offenbach: Gabal.
Vergnaud, Monique (2004): Teamentwicklung. München: Urban & Fischer.
Wastian, Monika, Kraus, Rafaela & Rosenstiel, Lutz v. (2016): Projektteams und -management beraten und coachen. Göttingen: Hogrefe.
Watzlawick, Paul (1983): Anleitung zum Unglücklichsein. München: Piper.
Weber, Ursula (2020): Bürgerschaftliches Engagement und Ehrenamt in der Sozialwirtschaft. Eine Einführung. Wiesbaden: Springer.
Wegge, Jürgen (2004): Führung von Arbeitsgruppen. Göttingen: Hogrefe.

Wegge, Jürgen (2014): Gruppenarbeit und Management von Teams. In: Heinz Schuler & Uwe P. Kanning (Hrsg.): Lehrbuch Personalpsychologie (3. überarb. u. erw. Aufl., S. 933–983). Göttingen: Hogrefe.

Wegge, Jürgen & Kemter-Hofmann, Petra (2018): Probleme der Teamarbeit im Coaching. In: Siegfried Greif, Heidi Möller & Wolfgang Scholl (Hrsg.): Handbuch Schlüsselkonzepte im Coaching (S. 449–456). Berlin: Springer.

Wegge, Jürgen & Rosenstiel, Lutz v. (2014): Führung. In: Heinz Schuler & Klaus Moser (Hrsg.): Lehrbuch Organisationspsychologie (5. vollst. überarb. Aufl., S. 315–368). Bern: Huber.

Weibler, Jürgen (2016): Personalführung (3. Aufl.). München: Verlag Franz Vahlen.

Weimann-Sandig, Nina (2022): Recherche zur internationalen Umsetzung von Multiprofessionalität in Sozialen Dienstleistungsberufen – aktuelle Trends und Herausforderungen. In: Nina Weimann-Sandig (Hrsg.): Multiprofessionelle Teamarbeit in Sozialen Dienstleistungsberufen (S. 29–37). Wiesbaden: Springer VS.

Weinert, Alfred B. (2004): Organisations- und Personalpsychologie (5. Aufl.). Weinheim: Beltz.

Weltzien, Dörte, Fröhlich-Gildhoff, Klaus, Strohmer, Janina, Reutter, Annegret & Tinius, Claudia (2016): Multiprofessionelle Teams in Kindertageseinrichtungen. Weinheim: Betz Juventa.

Witte, Erich W. (2007): Interpersonale Kommunikation, Beziehungen und Zusammenarbeit in Gruppen. In: Ulrike Six, Uli Gleich & Roland Gimmler (Hrsg.): Kommunikationspsychologie – Medienpsychologie (S. 178–208). Weinheim: Beltz.

Witzel, Marc (2023): Die Gestaltung sozialpädagogischer Orte im virtuellen Raum. In: Medien + Erziehung, 67 (2), S. 22–29.